Für Jutta

CHRIS MEIER

PIEMONT

KULINARISCHE REISESKIZZEN

EDITION CHRIS MEIER

HÄDECKE

Für Rezepte und Sachthemen haben wir Tips, Anregungen und Anschauungsunterricht bekommen von Mariuccia Rebuffo, Romana Vittoria Rosso, Marco Forneris, Eduardo Cotto, Giorgio Rocca, Terry Ambrogio, Gianfranco Massolino, Carlo Protto, Mariangela Scarzello, Cesare Giaccone, Gigi, Claudio und Maurizio Rosso, Matteo Romano, Pierluigi Zunino, Beppe Orsini, Benvenuto Boasso, Guido Guardigli und vielen anderen. Ihnen sei Dank.

In der Literatur wurden wir fündig bei
Il Libro di Cucina del Piemonte (Sandro Doglio), L'inventore della bagna caoda (Sandro Doglio), Curiosando in cucina (Renzo Marinone), Piemonte in cucina (Esther), Il Gran Libro della Polenta (Elena Previde Massara), Ricette delle Osterie di Langa (Slow Food), La cucina del Piemonte (Giovanni Gloria), La cucina delle regioni d'Italia – Piemonte (Alberta Lantermo), Käse aus Italien (Franco Angeli), Zuppa di Zucca (Birgit Müller), Piemont und Aosta-Tal (DuMont).

2. Auflage

Konzeption, Fotos und Texte: Chris Meier
Layout und Umschlaggestaltung: Karin Wiesmann
Rezept-Realisation: Jutta Neu-Meier
Computersatz: Christoph Bühler, Stuttgart
Reproduktionen: Repro-Technik Ruit, Ostfildern
Gesamtherstellung: Oehler-Offset, Stuttgart-Fellbach

Titelfoto: Weinberg in den Langhe bei Serralunga
Foto Rückseite: Bäcker Cravero aus Barolo

Printed in Germany 1996.
ISBN 3-7750-0267-7

SCHWEIZ
Lago d'Orta
Lago Maggiore
Aostatal
LOMBARDEI
Biella
Novara
Ivrea
Milano
FRANKREICH
Vercelli
Casale
Torino
Po
Asti
Pinerolo
Alessandria
MONFERRATO
ROERO
Saluzzo
Po
Acqui Terme
Bra
Alba
Monviso
Barolo
Cortemilia
LANGHE
Cuneo
Mondovi
LIGURIEN
Tanaro

Inhalt

Inhalt

Kochbegeisterte, Wein- und Feinschmecker werden mir sicher bereitwillig folgen auf einem Streifzug durch jene kleine aber feine Region, der diese kulinarischen Skizzen gewidmet sind. Ein Buch über das Piemont ist ein Buch über den Wein, ist ein Buch über Trüffeln, Pilze, Nüsse und, und, und... Es ist aber auch Dokument einer Landschaft und der Menschen, die dort leben.

Ein Buch ist für den Fotografen immer aufregende Aufgabe und optische Herausforderung zugleich. Ein Fotograf auf Reisen – doch diesmal nicht nur der Bilder wegen. Sondern auch, um Leute kennenzulernen, Interviews zu machen, den Weinen und Rezepten hinterherzuspüren. Mit Augen, Ohren und Gaumen habe ich die Region mehrfach verkostet und dies mit Kamera und Schreibstift festzuhalten versucht.

Doch nicht ganz ohne Mühe und Streß! Macht das Wetter auch mit? Von morgens bis abends auf Tour, von einem Platz zum nächsten Termin. Irgendwie hat es immer geklappt. Und für die vielfältige Unterstützung, die ich erfahren habe, will ich hier Dank sagen.

Zuallererst Jutta, meiner Frau, die mich immer begleitet und mit großer Geduld die Arbeit unterstützt hat – mir Assistentin, Chauffeuse und kritische Mitverkosterin war. Sie hat schließlich auch die Leckereien getestet, überarbeitet und in Rezeptform gebracht. Karin, die mir half, den Wust an Fotos und Texten zu sortieren und das Ganze mit Layout und Typografie gestaltete – kurzum: dem Buch den letzten Schliff gab. Roland, meinem Studiokoch, der beim Nachkochen der Rezepte souverän ins Italienische wechselte. Und schließlich last not least den Verlegern Monika und Joachim Graff, die mit mir das Projekt unternehmen wollten.

Der größte Dank aber gebührt den Menschen, die ich im Piemont getroffen habe. Herzliche und sympathische Leute, die ohne Zögern dem Fremdling ihre Unterstützung angeboten haben, ihm Zugang zu Küche und Weinkeller gewährt, ihn mit Rezepten und Tips versorgt haben – ganz einfach ihre Gast-Freundschaft geschenkt haben. Allen voran die Winzerfamilie Gigi Rosso. Sie waren uns Basisstation und Fachberater, sie knüpften die Kontakte zu vielen unserer Gesprächspartner: Padrone Gigi mit seiner Frau Romana, die Söhne Maurizio (Marketing und Verkauf) mit Frau Mia und Claudio (Önologe) – häufiger Begleiter unserer Fototouren. Und ihre Weine: vom Feinsten!

Dieses Buch ist eine Liebeserklärung an das Stückchen Erde namens Piemont und an seine Bewohner.

In den Langhe liegt das Herz des Piemont

Pappelhaine in den Ebenen für die Papierherstellung

Land der Weine und Trüffeln

Der Blick geht über sanfte Hügelketten, die sich im Dunst eines Sommerabends verlieren. Wir sitzen unweit unseres Hotels unter schattenspendenden Kastanien am *Castello di Santa Vittoria* hoch über dem Tanaro-Tal. Ein Antipasto nach dem anderen wird aufgetischt, den *Crespelle con Fonduta* folgen Perlhuhnbrüstchen in Mandelsauce. Das Schokomousse-Dessert (*Bonèt*) wird begleitet von zarter *Moscato-Zabajone*. Kühler Arneis im Glas – was will man mehr! Nicht weit entfernt liegt *Alba*, der kulinarische Pol des Piemont inmitten der *Langhe*. Die Hauptstadt der Region ist zwar Turin, doch ihr Herz liegt in der Gegend um Asti und Alba. Landschaft gewordene Speise- und Weinkarte: ein Traum für Feinschmecker!

Goethe hatte keine Ahnung

Es fällt schwer, sich einen Feinschmecker vorzustellen, auf dessen kulinarischer Landkarte diese Region noch ein weißer Fleck ist. Doch es soll italophile Zeitgenossen geben, deren Kompaß stur und beharrlich Richtung Toscana und weiter südlich zeigt – aus verständlichen Gründen, die oft auch meine Wege dorthin führten. Ganze Heerscharen Italienreisender streben nach Süden und ans Meer, freuen sich auf Spaghetti und Fisch. Ich gestehe, daß mir dies durchaus sympathisch ist, hat es doch dem Piemont eine ähnlich touristische Entwicklung erspart wie vielen Provinzen Italiens in den vergangenen 40 Jahren. Selbst Goethe und andere illustre Bildungsreisende hatten in den letzten Jahrhunderten die Westecke Italiens unbeachtet rechts liegen gelassen – und entsprechend auch literarisch ignoriert.

Sie entdecken das Piemont zuallererst in den Regalen Ihres Weinhändlers. Die berühmten Gewächse *Barolo* und *Barbaresco* haben in den letzten Jahrzehnten zur internationalen Spitzenklasse aufgeschlossen und können selbst eingefleischte Bordeaux-Liebhaber faszinieren. Sodann konsultieren Sie im Herbst Ihren Feinkosthändler, wenn Sie sich einmal etwas ganz besonderes – und teures – eine *Alba-Trüffel* leisten wollen. Diese Luxusknolle stammt nämlich ebenfalls aus dem Piemont. Wie Sie sehen – ein ganz erlesenes Fleckchen Erde. Einmal auf den Geschmack gekommen, sollten Sie jetzt nicht zögern, zur Quelle all dieser Kostbarkeiten zu eilen.

Im Reich der Fische

Pedemontium – das Land „am Fuße der Berge" gleicht einem großen Becken, ringsum eingefaßt und abgegrenzt gegen die Schweiz, Frankreich und das Mittelmeer durch Hochgebirge. Kein Meer zu sehen – in fast jeder Richtung schneebedeckte Alpengipfel. Nur die breite *Po-Ebene* öffnet den Kessel zur Lombardei im Osten. Also kein Meer, kein Strand. Das hat wohl die großen Touristenströme von der Region bisher ferngehalten. Statt dieser tummelten sich hier einstmals nur *Fische*. Das große Becken war eine Bucht im Mare Mediterraneum. Als sich die Alpen in die Höhe falteten und diese umschlossen, wuchsen wie Inseln die Hügelkuppen im Süden aus dem Meer. Den Rest besorgten schmelzende Gletscher und Gebirgsflüsse. Die von ihnen zu Tal geschwemmten Gesteins- und Geröllmassen füllten den im Norden verbliebenen Meeresgraben auf und hinterließen die uns heute bekannte *Po-Ebene*.

Die Früchte des Landes

Der Welt zweitgrößtes *Reisanbaugebiet* liegt in den riesigen Weiten dieses vom Po durchströmten Flachlandes. Reisplantagen und Maisfelder erstrecken sich bis zum Horizont. Obst und Gemüse werden fast überall in der Ebene und den Tälern des Tanaro geerntet. Pfirsiche, Aprikosen, Kirschen und Erdbeeren klettern dann

schon ein paar Meter höher nach Südosten und Südwesten. Selbst die Kiwi ist hier heimisch geworden! Milch und Sahne produzieren die Kühe des Flachlands für halb Italien. Käse ist in so vielen Sorten vertreten, daß es fast unmöglich ist, alle aufzulisten. Wohlbekannt sind uns *Gorgonzola* und der dem Parmesan verwandte *Grana Padano*. Die typischsten aber sind *Castelmagno*, *Murazzano & Co* von den Bergen.
Carne cruda (Carpaccio) ist im Piemont Kalbfleisch pur und ein Gaumenschmeichler dank der einheimischen Rinder, die auch dem deftigen *Brasato* das Rohmaterial liefern.

So ist die Tafel üppig gedeckt – kaum ein Wunsch bleibt offen angesichts dieser Speisekammer. Bacchus' Spielwiese liegt aber unbestritten im Süden der Region, wo im welligen Auf und Ab weinbedeckter Hügel die kostbarsten Tropfen wachsen. Wind und Wetter hatten im Laufe der Zeit das charakteristische Landschaftsbild herausmodelliert. Die „langen" Zungen der Hügelkämme gaben diesem Eckchen seinen Namen. Hier in den *Langhe* bei *Alba* liegt auch die kulinarische Schatzkammer des Piemont. Selten gibt es Landschaften, deren natürliche Resourcen eine derartige Vielfalt hochwertiger Produkte zur Bereicherung der Küche bereitstellen. Was hier geboten wird, liest sich wie die Einkaufsliste Ihres Feinkosthändlers. Hier ist der Wein König und der König heißt *Barolo*. Doch im Herbst, wenn der Wein in der Kelter ist, erscheint die kulinarische Primadonna auf dem Markt. Sobald die Nächte kälter werden und die Morgennebel in den Tälern hängen ist Trüffelzeit! Die weiße *Edelknolle* aus Alba beherrscht dann die Bühne der Gastronomie. Scheibchenweise veredelt sie dann fast alles, was auf den Tisch kommt. Seien Sie gewarnt – der kulinarische Teil der Reise, durch Weinkeller und Trattorien wird Sie süchtig machen! Ein Erlebnis für Ihren Gaumen, doch ein Marathon für den Magen.

In der Küche von Rosanna Rovero (S. 133)

Cucina della Mamma

Die Hauptrolle im Reich der Küche spielt unangefochten *Mamma*; will heißen, die Küche der Gastronomie wird auch heute noch überwiegend im familiären Verbund ausgeübt. Und in unverfälschter Reinkultur ist diese am ehesten in der *trattoria* oder *osteria* zu finden. Die Familie teilt sich auf zwischen Küche, Keller und Service. Und das spürt der Gast – hier fühlt man sich einfach wohl. Doch auch Mamma wird älter, und so hat mittlerweile hier und da schon die nachfolgende Generation das gastronomische Ruder übernommen – nicht wenige männliche Vetreter darunter. Die Basis ist die gleiche geblieben: Mamma's Rezepturen. Und diese haben ihre Wurzeln in einer einfachen bäuerlichen Küche. *Cucina povera* – eine Küche der armen Leute. Selbst die raffinierten Kreationen international verehrter Kochkünstler wie *Cesare Giaccone* oder *Giorgio Rocca* leugnen nicht die Grundlagen alter Traditionen.

Aber auch höfische Einflüsse haben Eingang in die Rezepturen gefunden. Ihre Ursprünge liegen weit zurück im Mittelalter, als die Bauerntöchter den Fürsten und Markgrafen in der Küche zu Diensten waren. Daß bis ins 20. Jahrhundert die Franzosen aus dem Hause *Savoyen* die Region beherrschten, entdecken Sie spätestens, wenn Sie mit Ihren Italienischkenntnissen Einheimische beim Gespräch zu belauschen suchen. Fehlanzeige. Denn das

Palaver wird auf *piemontes* geführt – einer Mischung aus Französisch und Italienisch. Es nimmt daher nicht Wunder, wenn Rezepte und Namen gemeinsame Elemente besitzen. Doch eigen sind sie allemal. Das Käse-Fondue der französischen Schweiz entbehrt nun einmal der Trüffel, die über die *Fonduta* (S. 27) gehobelt wird. Auch französisches *Civet* (Wildragout) finden Sie auf der piemontesischen Speisekarte wieder.

Verglichen mit der französischen ist jedoch die italienische Küche vom Norden bis zur Stiefelspitze einfach und schnörkellos. Aufwendige Kochvorgänge und Saucen sind ihr fremd, da sie über die Jahrhunderte hinweg eine ländliche und bäuerliche Küche geblieben ist. Die offizielle Küche der Franzosen – ursprünglich ein Italo-Import durch *Katharina von Medici* – entwickelte sich dagegen zu einer Küche am Hof der Könige mit all ihren Verfeinerungen, aber auch Verirrungen. Die heutige Rückführung der Rezepte zu mehr Einfachheit – weg von den üppigen Blendwerken der Vergangenheit, hin zum Primat der guten Rohprodukte – war in Italien schon immer Grundlage des Kochens. Man bediente sich der Materialien aus der Region und hatte keinen Bedarf an exotischen Ergänzungen. Und so ist auch die Küche der mit Naturalien reich gesegneten Region im Norden Italiens vom Angebot her zwar vielfältig – in der Zubereitung ist sie jedoch ungekünstelt und einfach geblieben.

Von wegen Spaghetti!

Die Kochkultur im *Land des Barolo* ist verständlicherweise stark weinlastig. Minimalisten und Diätfetischisten müssen abschwören, denn die Küche kommt gewiß nicht immer leicht, eher reichhaltig und üppig daher. Für die besten Rezepte zeichnen Herbst und Winter verantwortlich. Die Ingredienzien sind Wein und Wild, Trüffeln, Steinpilze und Nüsse. Es ist die Hoch-Zeit piemontesischer Eßkultur – und vieler Feinschmecker Wallfahrtstermin.

Italienische Klischees von „Tomaten, Spaghetti und Fischen" greifen hier nicht: die sonst in Italiens Küchen allgegenwärtige Farbe *Rot* der Tomate spielt hier keine Hauptrolle. Rot ist der Wein – und sonst nichts! Und dieser veredelt Braten, Saucen und Risotti. Wo soviel und so guter Wein angebaut wird, steht er – natürlich auch weiß – nicht nur auf dem Tisch, sondern ganz dicht am Kochtopf. Salate sind selten grün, sondern bestehen meist aus Fleisch oder Geflügel. Saucen sind das Ergebnis ausdauernden Schmorens mit Wein. Und über die *pasta* kommt feinstes Olivenöl (*extravergine*), Butter – oder noch beliebter: Bratensaft. Paradoxerweise wird beim Kochen Olivenöl der Vorzug vor Butter und Sahne gegeben. Dabei sucht man im Piemont vergeblich Olivenbäume – stattdessen gibt es Milch und Sahne satt.

Piemontesische Ravioli: Agnolotti

Bedauernswerte Fischliebhaber! Das Angebot ist bescheiden. Die hohe Alpenkette sperrt den Zugang zum Mittelmeer und hat verhindert, daß Fische in der piemontesischen Küche mehr als nur eine Randerscheinung darstellen. Allein die Gebirgsbäche liefern Forellen, die Reisfelder der Po-Ebene Karpfen und Schleien. Doch die Regel hat eine Ausnahme und die heißt *Sardellen*. Genauer gesagt, eingesalzene Sardellen, wegen der Haltbarkeit – und zum Würzen. Händler tauschten sie seinerzeit an der Küste gegen roten Wein und brachten die begehrten Fischlein über die *strada del sale* ins Land hinter den Alpen. So entstand die *Bagna caôda* („heiße Sauce",S. 28) – der Piemontesen beliebteste Form, Gemüse zu verzehren. Dabei stippen sie die meist rohen Stücke in eine Emulsion aus Olivenöl, viel Knoblauch und den eingesalzenen Sardellen.

Aber nicht verzweifeln. In einem sind die Piemontesen ganz und gar Italiener: sie lieben *pasta*! Doch statt Spaghetti – Sie werden sie vergeblich suchen! – sind es hier *agnolotti* (gefüllte Teigtaschen, S. 51, 55) und sonnengelbe *tajarin* (hauchdünne schmale Bandnudeln, S. 52), die aus einem eiermächtigen Nudelteig frisch zubereitet werden. Ihre Krönung erfahren sie, wenn hauchdünn Trüffeln darüber gehobelt werden.

Morgends in der Backstube von Guglielmo Cravero

Antipasti – Reigen der Köstlichkeiten

Benvenuti! – willkommen am reich gedeckten Tisch der cucina piemontese. Ein variationsreicher Reigen kalter und warmer *antipasti* erwartet die hungrigen Esser „vor der Pasta". Das nicht endenwollende Defilée kleiner Gänge ist kulinarische Visitenkarte piemontesischer *trattorie* und klassische Ouvertüre ihrer Menüs. Ich habe einmal 24 (vierundzwanzig!) Leckereien gezählt, die nacheinander auf großen Platten von Tisch zu Tisch serviert wurden. Wer hier nicht maßvoll zu Messer und Gabel greift, wird schon wenige Etappen weiter erschöpft aufgeben müssen. Knusprige Dauerbegleiter sind dabei die stets frischen, dünnen Brotstangen der Spezies *grissino* (auf piemontes: *ghersin*), die gleich bündelweise die Tische bedecken. Das hat nichts mit stranggepreßter Tütenware zu tun. Eine Reihe von *panettieri* (Bäcker) sind bekannt für ihre täglich frisch gebackenen blonden Stangen. Auch *Guglielmo Cravero* aus Barolo macht dafür allmorgendlich Armgymnastik und zieht in seiner Backstube unzählige Teigwürstchen per Hand auf stattliche ein Meter fünfzig Länge.

Kaum Kochkünste benötigt man für Antipasti aus der Wurstwaren-Abteilung

Salciccia con Salame cotto

Rohe Wurst mit gekochter Salami

Ein frisches rohes Schweinsbratwürstchen und eine dicke Scheibe Salame cotto (eine Art Preßsack) mit einem Klecks Fonduta (S. 27) servieren.

Lardo con Salame crudo

Speck mit roher Salami

Fetten, leicht durchwachsenen Speck hauchdünn, rohe Salami in dicke Scheiben schneiden. Auf kleinen Tellern anrichten und mit gestoßenem schwarzen Pfeffer überstreuen.

Vitello tonnato

Kalbfleisch mit Thunfischcreme (8 Personen)

700 g Kalbsfilet,
Sud: 1 Selleriestange, 1 Möhre, 1 Kartoffel, 1 Rosmarinzweig.
Creme: 200 ml Olivenöl, 150 g Thunfisch (aus der Dose),
4 Sardellenfilets, 1 EL Kapern, 2 EL Zitronensaft,
3 Eigelb (zimmerwarm), Salz

Fleisch sorgsam parieren. In Salzwasser mit dem Gemüse (in Stücken) und Rosmarin erhitzen und 30 Minuten auf kleiner Flamme ziehen lassen. Fleisch im Sud erkalten lassen – es soll innen noch rosa sein! Hauchdünne Scheiben schneiden und auf einer Platte auslegen.
Für die Sauce alle Zutaten in einem Mixer zu einer glatten Creme pürieren. Abschmecken mit Salz und Zitrone. Die Fleischscheiben damit bestreichen und servieren.

Insalata di carne cruda Astigiana

Kalbstatar (4 Personen)

400 g Kalbsfilet (oder „Rolle" aus der Unterschale),
2 EL Olivenöl, 2 EL Zitronensaft, 1 Knoblauchzehe,
Salz, Pfeffer; Salat nach Saison (Endivie, Radicchio, Möhren, etc.),
Essig-Olivenöl-Marinade

Filet sorgfältig parieren. Mit dem Messer in dünne Scheiben schneiden und diese fein hacken (Mixer und Fleischwolf würden die zarte Faser zerstören). Fleisch mit Öl und durchgepreßtem Knoblauch vermengen, mit Zitrone, Salz und Pfeffer abschmecken. Auf Teller dünne, sanft marinierte Salatstreifen dekorieren und das Tatar darauf setzen. Sofort servieren, damit das Fleisch seine Farbe nicht verliert.

Carne cruda all'Albese

Roh mariniertes Kalbfleisch (4 Personen)

400 g Kalbsfilet (oder „Rolle" aus der Unterschale),
30 g Steinchampignons, 50 g Parmesan (am Stück), Olivenöl,
Zitronensaft, Salz, weißer Pfeffer, Rucola-Salatblätter

Filet sorgfältig parieren und 30 Minuten anfrieren. In hauchdünne Scheiben schneiden, auf Tellern auslegen und dünne, rohe Pilzscheiben darüber geben. Mit Öl und Zitrone beträufeln. Mit etwas Salz und grob gestoßenem Pfeffer würzen. Feine Parmesanspäne darüberhobeln und mit Rucolablättchen garnieren.

Acciughe al verde

Sardellen in Kräutermarinade (4 Personen)

16 Sardellen in Salz, 2 Bund Petersilie,
2 Knoblauchzehen, 1 hartgekochtes Eidotter,
1 Peperoni, 2 EL Weinessig, 1 dl Olivenöl

Sardellen waschen, entgräten und in eine kleine Schüssel legen. Zutaten kleinhacken, mit Essig und Öl vermischen und über die Fische geben. Mehrere Stunden einwirken lassen.

Trote o anguille in carpione

Eingelegte Forellen oder Aale (4 Personen)

4 kleine Forellen oder 600 g frische Jungaale,
Mehl, Butter, Salz und Pfeffer.
Marinade (siehe Carpione-Rezept)

Forellen bzw. Aale (in Stücken) in Mehl wenden, in Butter anbraten, würzen und zugedeckt bei milder Hitze etwa zwanzig Minuten fertiggaren. In eine Form geben und mit dem heißen *Carpione* übergießen. 24 Stunden in den Kühlschrank stellen. Eine halbe Stunde vor dem Servieren herausnehmen.

Carpione di uova e zucchine

Marinierte Eier und Zucchini (4 Personen)

400 g Zucchini, 4 Eier, Olivenöl, Mehl, Salz.
Marinade (Carpione): 3 Knoblauchzehen, 1 dl Olivenöl,
20 Salbeiblättchen, 1 dl Arneis (trockener Weißwein),
4 EL Weißweinessig

Zucchini quer in Scheiben schneiden, in gesalzenem Mehl wenden und in Öl goldgelb ausbraten. Auf Küchenkrepp abtrocknen lassen. Spiegeleier braten, salzen und auf den Zucchinischeiben in eine Auflaufform geben.
Für die Marinade Knoblauch in Olivenöl goldgelb braten und Salbei dazugeben. Mit Wein und Essig einmal kräftig aufwallen lassen. Heiß über Zucchini und Eier geben und erkalten lassen.
Diese Marinade verwendet man auch für Fisch und Fleisch. Früher wurden Karpfen (*Carpione*) darin eingelegt und haltbar gemacht. Daher der Name.

Cremige Delikatesse: Uovo in Camicia!

Uovo in camicia

„Ei im Hemd" (4 Personen)

400 g Fontina, 2 dl Milch, 80 g Butterstücke, 4 Eigelb,
4 Eier (absolut frisch!), 1 Trüffel

Dies ist die Luxusanwendung der *Fonduta*!
Fonduta nach Grundrezept zubereiten und über einem Wasserbad warmhalten. Eier mit der Schöpfkelle vorsichtig in heißes, nicht mehr sprudelndes Salzwasser gleiten lassen. Ist das Eiklar weiß, Eier mit dem Schaumlöffel herausnehmen und die Ränder sauber schneiden. Eier in Suppenteller geben. Vollständig mit *Fonduta* überziehen und Trüffelscheiben darüberhobeln. Die Eier können in lauwarmem Salzwasser „geparkt" werden, bis alle fertigpochiert sind.

Fonduta con tartufi

Käsecreme (Grundrezept für 4-6 Personen)

400 g Fontina (in Würfel geschnitten), 2 dl Milch,
80 g Butterstücke, 4 Eigelbe. 1 Trüffel

Fontinawürfel zwei Stunden in Milch einlegen. Im Wasserbad Käsewürfel und Butter mit der Hälfte Milch und den Eigelben 15 Minuten zur glatten dicken Creme rühren (mit Milch läßt sich die Käsecreme nach Bedarf verdünnen). Portionsweise die heiße *Fonduta* auf Teller geben und hauchdünne Trüffelscheiben darüberhobeln.
Die Fonduta wird auch als Sauce zu einer Reihe weiterer Gerichte oder einfach auf gerösteten Brotscheiben gereicht.

Tartrà

Käseflan (8-10 Portionen)

5 dl Sahne, 2 dl frische Milch, 5 Eigelb, 1 Lauchstück,
2 Schalotten, 2 EL Schnittlauch, 1 EL Thymianblättchen,
50 g geriebener Parmesan, 50 g Butter, 5 Eiweiß,
Salz und Pfeffer

Grob gehacktes Gemüse und Kräuter in 30 g Butter andünsten und zur leicht erwärmten Sahne-Milch geben. Im Mixer mit Käse und den Eidottern pürieren. Eiweiß nicht zu steif schlagen und unter die Sahnecreme mischen. Eine halbe Stunde ruhen lassen, dann in ausgebutterte Förmchen füllen. Im Wasserbad ca. eine Stunde bei 150 Grad im Backofen garen. *Tartrà* auf Teller stürzen und *Bagnèt ross* (S. 85) dazu servieren.

Bagna caôda („Heiße Sauce")

Knoblauch-Sardellen-Tunke für Gemüse (4 Personen)

2 Knoblauchknollen, Milch zum Kochen, 5 dl Olivenöl, 80 g Butter, 200 g gesalzene Sardellen.
Gemüse: Karden (oder Bleichsellerie), zarte Wirsingblätter Fenchel, Paprikaschoten (rot, gelb, grün), feste Kartoffeln (gekocht), Rote Bete (gekocht), Topinambur (geschält), Möhren (blanchiert), Blumenkohlröschen (blanchiert)

Karden sind eine Distelart

Gemüse putzen, gegebenenfalls vorkochen und in *handliche* Streifen und Scheiben schneiden. Auf einer großen Platte anrichten.
Knoblauchzehen eine Stunde in Milch weichkochen, Milch abgießen. Sardellen entgräten und vom Salz reinigen. Beides im Mörser zerdrücken und in der Butter-Ölmischung erhitzen. Verrühren bis eine schöne Emulsion entsteht. Diese Tunke füllt man in Tonschälchen (*Dianét*) für jeden Esser, in die man das Gemüse stippt. Brot und Grissini dazu reichen.
Bagna Caôda ist etwas für starke Mägen und sollte immer von einem kräftigen Rotwein begleitet sein.

Crostini con Agliata

Knoblauch-Käsecreme auf geröstetem Brot

200 g junger Robiola (milder Frischkäse), 2 Knoblauchzehen, 1 EL Petersilie, 2 EL Olivenöl, Zitronensaft, Salz und Pfeffer, Brot, Butter

Knoblauch und Petersilie fein hacken und mit einer Gabel unter den Käse mischen. Paste mit Olivenöl cremig rühren, mit Zitrone, Salz und Pfeffer abschmecken. Man streicht die Creme auf Brotscheiben, die in Butter geröstet wurden.

Peperoni con crema tonnata

Paprika mit Thunfischpaste (6 Personen)

3 gelbe Paprikaschoten, 150 g Thunfisch (in Öl), 1 TL Kapern, 4 Sardellenfilets, 50 g Butter, Balsamico-Essig, Olivenöl, Salz

Paprikaschoten halbiert und entkernt unter dem Grill dunkel rösten. Einige Minuten ein nasses Küchentuch darüberlegen und dann die Haut ablösen. Thunfisch zerpflücken und feingehackte Kapern, Sardellen und weiche Butter unterarbeiten. Innenfläche der Paprikahälften mit Paste bestreichen und zusammenrollen. Aus Essig, Öl und Salz eine Sauce schlagen und darüberträufeln. Warm servieren.

Lingua in bagna piemontese

Kalbszunge in Piemonteser Sauce (6 Personen)

1 Kalbszunge, Suppengrün;
1 Selleriestange, 1 Möhre, 1 Handvoll Petersilie, 2 Knoblauchzehen, 1 Zwiebel, 1 Lauchstange, 1/2 grüne Peperoni, 1 grüne Paprikaschote, 1 EL Kapern, 6 Sardellenfilets, 1 dl Olivenöl, 3 EL Rotweinessig, Fleischbrühe

Zunge in Salzwasser mit Suppengrün 1 1/2 Stunden garen. Sie ist zart, wenn man die Spitze mit einem Messer leicht einstechen kann. Erkaltete Zunge häuten, in dünne Scheiben schneiden und auf einer Platte auslegen. Für die Sauce alle Zutaten feinhacken. Sardellen in nicht zu heißem Olivenöl schmelzen, das Kleingehackte hinzufügen. Nach 15 Minuten mit Essig ablöschen und etwas Brühe dazugeben. Sauce über die Zunge geben und zehn Minuten durchziehen lassen, bevor sie serviert wird.

Omelett mit Wiesenkräutern

Frittata rognosa

„Krätziges Omelett" (4 Personen)

150 g Salame cotto, 3 EL Petersilie, 1 Zwiebel,
4 junge Knoblauchzehen, 50 g Blattspinat, 4 Eier,
Olivenöl, Salz und Pfeffer

Die klassische *Frittata rognosa* bestand eigentlich nur aus Salami und Eiern. Doch dieses einfache Omelett wurde und wird gern aufgepeppt, vor allem mit Wiesen- und Gartenkräutern. So kann man nach Belieben dieses Rezept mit eigenen Gartenerzeugnissen variieren.

Klein gewürfelte Salami in Olivenöl leicht anbraten und kleingeschnittene Gemüse und Kräuter kurze Zeit mitdünsten. Mit einer Gabel die geschlagenen Eier unterrühren. Omelett bei kleiner Hitze auf beiden Seiten goldbraun braten.

Torta tendasca

Gemüse-Tarte

Teig: 135 g weiche Butter, 1 Ei, 1 TL Salz, 4 El Wasser, 270 g Mehl; Füllung: 300 g Lauchstangen, 300 g Kürbisfleisch, 300 g Kartoffeln, 2 Eier, 20 g geriebener Parmesan, je 1 EL frischer Thymian und Majoran, 30 g Butter, Salz und Muskat. 1 Eigelb

Für den Teig Butter, Ei, Salz und Wasser vermischen, Mehl hinzufügen und zu einem Teig verarbeiten. Eine Stunde kühl ruhen lassen. Lauch- und Kürbisstücke in Butter bei kleiner Hitze 30 Minuten zugedeckt dünsten. Geschälte Kartoffeln in Stücke schneiden und zehn Minuten kochen. Alles im Mixer pürieren, zwei Eier, Käse und die gerebelten Kräuter daruntermischen, mit Salz und Muskat abschmecken.
Dann zwei Teigplatten auswellen. Mit der einen den Boden einer Tarteform (ca. 30 cm) auslegen, den Teig dabei bis über die Ränder ziehen und mit Eigelb bestreichen. Gemüsemischung einfüllen. Eine zweite, dünnere Teigplatte darüberlegen und am Rand mit einer Gabel andrücken. Die Torte mit Eigelb bestreichen und im Ofen bei 160 Grad 35 Minuten backen. Die Tortenstücke mit *Fonduta* (S. 27) servieren.

Funghi porcini fritti

Gebratene Steinpilze (4 Personen)

400 g frische Steinpilze, 6 Knoblauchzehen, 1 Bund Petersilie, 2 EL Olivenöl, Salz und Pfeffer

Pilze sorgfältig mit einem weichen Bürstchen putzen. Stiele, Knoblauch und Petersilienblättchen kleinhacken und in heißem Olivenöl andünsten. Die in Scheiben geschnittenen Pilzköpfe kurz mitgaren. Salzen, pfeffern und heiß servieren.

Sommer in der Po-Ebene – goldgelbe Reisfelder bis zum Horizont

Reis für Risotto: Arborio, Vialone Nano (Foto) und Carnaroli

Reis für die halbe Welt

„Im Wasser wächst er und im Wein muß er sterben" sagt man hier. Die Rede ist vom *Reis* – Grundstoff für des Italieners Manna, den *Risotto*. Nahezu jede Region besitzt ihr eigenes Rezept – über hundert kennt die Küche -, doch das Material kommt aus dem Norden. Die Niederungen der Po-Ebene um *Vercelli* und *Novara* beherbergen, was den wenigsten bekannt sein dürfte, das größte Reisanbaugebiet außerhalb der Grenzen Chinas. Hier wurde der Risotto geboren – nördlich der Alpen schmählich ignoriert.

Noch vor Monaten durchquerten wir schweißgebadet von sommerlicher Gluthitze riesige Schilfwälder. Gehöfte ragten vereinzelt aus einem goldgelben Meer, das im Dunst des Horizonts verschwamm. Nun, zu Ostern des folgenden Jahres, bietet sich unseren Augen ein völlig verändertes Bild. Wir sind perplex.

„Land unter". Fast überall Wasser, glitzernde Flächen soweit das Auge blickt. Wasserkanäle und die Straßen, auf denen wir die Landschaft durchkreuzen, ordnen die Wasser in geometrische Muster. Wie in einem riesigen Spiegel reflektiert sich der blaue Frühlingshimmel. Ab und an tauchen vereinzelt kleine Dörfer und Reis-Gehöfte auf – schwimmen wie Inseln im Meer.

Einer Wasserburg gleich liegt das große, von einer Mauer umfaßte Gebäude-Areal einer *Riseria* inmitten der Wasserflächen. Hinter dem Einfahrtstor ein weiter „Burghof" mit Wirtschafts- und Lagerräumen, Geräte- und Maschinenschuppen und den hochaufragenden Trockensilos. Außerhalb der Mauer eine Ansammlung kleiner Häuschen mit ebensolchen kleinen Gärten. Wäsche auf der Leine. Hier sind die Reisarbeiter zuhause. Eine kleine Welt für sich. Eine Welt für den Reis.

Die Reisfelder werden geglättet

Der Betrieb ruht, da heute Sonntag ist. Kaum jemand ist zu sehen, als wir umherschlendern. Ein freundlicher Mann, mit Gartenarbeit beschäftigt, unterbricht diese und kommt auf einen Plausch an den Gartenzaun. Bereitwillig erzählt er von seiner Arbeit. „Erst vor kurzem, Anfang April, haben wir die *risaie* (Reisfelder) geflutet – das Wasser kommt von den Gebirgsflüssen. Frisches, klares Wasser. Den Boden haben wir mit großen Traktoren geglättet, *ins Wasser* gebracht, und den Reis ausgesät. Wenn jetzt die Keimlinge wurzeln und nach oben treiben, schützt das flache Wasser (zwei bis vier Zentimeter hoch) die noch jungen Pflänzchen in den kalten Frühjahrsnächten. Es dauert nicht mehr lang, und dann werden Sie die ersten Spitzen über Wasser sehen können."

Der Reis ist ein pflegeintensives Produkt. Kaum schnappt er nach Luft, kaum blicken die ersten Pflanzentriebe über das Wasser, wird er auch schon wieder trockengelegt. Das Wasser wird abgelassen, und drei Wochen lang haben die noch jungen Pflanzen Zeit, Wuchs und Wurzeln zu konsolidieren. Mitte Mai wird wiederum geflutet. Ein langes Wasserbad und viel Wärme sollen den Reis in die Höhe treiben. Die nötige Reife erhält er dann im August – nun endgültig auf trockenem Boden. Ende September ist die Kneipp-Kur beendet – der Reis ist reif, die Ähren mit dicken Körnern besetzt. Jetzt kommt er in die Mangel. Von großen Maschinen geerntet, wird er in Silos trockengeföhnt, anschließend gedroschen und von der Schale befreit. Den letzten Schliff und ihre porzellanartige weiße Farbe erhalten die länglich bis runden Körner in

Die Felder sind geflutet und schützen die jungen Reistriebe vor kalten Frühlingsnächten

Poliermaschinen. Perlen für Risotto-Fans! Einige wenige Reisanbauer ersparen ihrer Top-Auslese die Politur. So bleibt das *Silberhäutchen* erhalten – und die in ihm befindlichen Vitamine und Mineralstoffe.

Doch nicht nur Risotto-Reis (Sorte *Japonica*) sondern auch die Spezies *Indica* (Langkornreis) wird hier produziert. Der Typ, der fast die halbe Welt ernährt: als Hauptgericht oder Beilage – gekocht beziehungsweise dampfgegart. Die risotto-freundliche Japonica zeichnet sich dagegen durch ihre hohe Aufnahmefähigkeit von Flüssigkeit und Aromen aus. *Arborio* (nicht Avorio!), *Vialone Nano* und *Carnaroli* heißt das Dreigestirn der Sorten, ohne die kein Risotto gelingen wird. *Fino* und *superfino* sind das Prädikat für den schonenden Schliff, den ihm die Reismühle angedeihen läßt.

Handarbeit ist nur noch selten

Risotto ist auch ein Stück italienischer Weltanschauung. Er ist weder Beilage noch Kartoffelersatz. Nicht Begleiter will er sein, sondern Hauptperson. Als eigenständiges Gericht teilt er seinen Platz unter den *Primi Piatti* nur mit Pastagerichten und *Minestre* (Suppen). Zum Entsetzen der Liebhaber fernöstlicher Reistafeln kommt ein Risotto, der diesen Namen verdient, breiig daher, nicht klebrig! Und eben schon gar nicht körnig oder locker! Igitt, sagen Sie. Kenn' ich doch: Milchreis-Pampe. Weit gefehlt!

Die Zubereitung ist allerdings mit etwas Aufwand und Sorgfalt verbunden. Zuallererst tun Sie – nichts. Aller Reinlichkeit zum Trotz: waschen Sie nie Risotto-Reis! Die Stärke verschwindet im Ausguß, und damit der Halt für die Aromen. Dünsten Sie den Reis mit gehackter Zwiebel in etwas Fett (Olivenöl und/oder Butter) kurz an. Ablöschen – meist mit Wein. Warten Sie, bis alle Flüssigkeit verschwunden ist. Dann – und darauf kommt es an – fügt man nach und nach Brühe hinzu, doch immer erst, wenn diese komplett aufgesogen ist. Dabei ist der Holzlöffel ständig rührend im Einsatz. So kann das Korn die Flüssigkeit langsam aber vollständig absorbieren – und bleibt doch knackig, statt matschig zu werden. Das Resultat: ein Brei mit Biß.

Die abgeernteten Felder werden umgepflügt und nach der Winterpause zentimetergenau nivelliert, bevor sie unter Wasser gesetzt werden

„Kennen Sie eigentlich unsere Panissa ?" will unser Gesprächspartner zum Schluß noch wissen. *Panissa Vercellese* (S. 60) und die verwandte *Paniscia aus Novara* sind uralte Gerichte der Reisbauern. Das *pane* (Brot) im Namen unterstreicht die Bedeutung, die dieses Gericht zu früheren Zeiten besaß. „Wir schneiden einfach von einer alten Salami ein paar Scheiben, geben gewürfelten Schweinespeck dazu und Bohnen. Weiße oder rote – das ist egal. Alles zusammen wird dann mit dem Reis und Rotwein geschmort. Probieren Sie's einmal selber aus. Es wird Ihnen schmecken!"

Aufregend ist die Jagd nach der weißen Trüffel

Auf der Jagd nach dem weißen Diamanten

Also, Jagd ist wohl etwas übertrieben, doch lassen Sie sich einmal von einem aufgeregten Hund durchs Gelände ziehen! Über Stock und Stein – und unter dichtem Geäst hindurch. Da kann man es einem Trüffelsucher nicht verdenken, wenn er lieber des tags durchs Gelände zieht und sich so einige Schrammen im Gesicht und Risse in der Hose erspart, die er sich nachts mit Sicherheit einhandeln würde! Doch da wiederum hat es der Hund leichter. Die Palette von Geräuschen und Gerüchen ist merklich reduziert, und die Konzentration auf den Duft der Edelknolle fällt bedeutend leichter.

Doch wie auch immer – Trüffeln rennen nicht davon und können sowohl tags als auch des nachts erschnüffelt werden. Und so befinden wir uns eines Vormittags Ende Oktober auf einem Hang über dem Tal von *Sinio* mitten im *Barolo*-Gebiet. Jagdfieber hat allenfalls erst die zweieinhalbjährige Hündin erfaßt, die schon aufgeregt an der Leine von *Benvenuto Boasso* zieht. Als *trifolao* (Trüffelsucher) ist er ein alter Profi in diesem Metier. Viele Jahre war er *presidente* der lizensierten piemontesischen Trüffelspürer. Ein wortkarger Mann mit wettergegerbtem Gesicht und schwieligen Händen. Ein *trifolao* spricht nicht viel. Seine Tätigkeit erfolgt in der Stille und meist nur in Begleitung seines Hundes. Doch Benvenuto hatte eingewilligt, uns Städter heute mit auf die Suche zu nehmen.

Gestützt auf einen schweren Stock, mit dem *sapìn* (Grabeisen) hinten im Gürtel, steht er auf dem abgeernteten Maisfeld und versucht uns die Grundlagen des Trüffelsuchens näherzubringen, während Laika an der Leine schnüffelnd um ihn Kreise zieht. Nicht das Borstenvieh, wie gemeinhin angenommen wird, spielt hier die Hauptrolle. Denn Trüffelschweine lassen sich nur mühsam im Zaume halten, haben sie erst einmal die Witterung der unterirdisch schlummernden Knolle in der Nase. Die trefflichen Spürnasen im Piemont gehören Mischlingshunden, vorzugsweise Hündinnen. Diese reagieren begreiflicherweise erregt auf den Trüffelduft, soll er doch Elemente des männlichen Sexualhormons enthalten. Der *tabuj* (Trüffelhund) ist Schrittmacher für den *trifolao*. Am Fundort genügt ihm dann jedoch ein einfaches Stück Brot oder Käse, um seinem Herrn die erregende Arbeit des Ausbuddelns zu überlassen.

Die besten Trüffelhunde entstammen Generationen von Vorfahren, deren herausragende Qualitäten nicht auf Schönheitswettbewerben prämiiert, sondern auf Trüffelmärkten mit gutem Geld honoriert wurden. Der angehende Suchhund wird vom Trüffelsucher selbst viele Stunden pro Tag innerhalb von zwei bis drei Wochen für seine Aufgabe ausgebildet. Das restliche Training erfolgt dann „on the job" – auf den ersten Pirschgängen. Fühlt sich jedoch Herrchen überfordert, kommt der „Azubi" auf die „Hunde-Universität" nach *Roddi*, wo ihm das rechte Trüffelgespür verpaßt wird.

Laika zerrt jetzt aufgeregt an der blauen Plastikleine, als wir stiefelbewehrt losstapfen. Die Hündin hatte schon ein paar Tage auf diesen Gang warten müssen. Kaum wenige Meter weiter schnüffelt sie plötzlich aufgeregt am Fuß einer Weide und beginnt wild draufloszuscharren. Mit einem Ruck der Leine hält Benvenuto sie zurück. Auf Händen und Knien, mit der Nase dicht am Boden, dringen seine Hände behutsam in das Erdreich. Auch ihn hat jetzt das Fieber gepackt. Prüfend wird Erde unter der Nase zerrieben und beschnüffelt – und siehe da: es findet sich eine mittelgroße schwarze Knolle – auf den ersten Blick nur dem Fachmann als Trüffel erkennbar: Typ *Tuber melanosporum*. Als *schwarze Trüffel* ist sie nicht von der Güte und Klasse wie ihre weißen Cousinen. Von geringerem Duft und Geschmack besitzt sie auch nicht deren Marktwert. Doch eine Trüffel immerhin – und unsere Spannung wächst!

Die weiße Alba-Trüffel

Für Laika ein Stück Brot als Finderlohn, und weiter geht die Suche. Entlang eines Bachlaufs zieht sich ein Haselnußwäldchen bergauf. Die Hündin zerrt durchs Gewirr der Äste, prüfend vor und zurücklaufend – immer die Schnauze dicht am Boden. Hier in drei bis dreißig Zentimeter Tiefe, im kühlen Schatten des Blattwerks müssen sich Trüffeln einfach wohlfühlen. Denn direkte Sonne mögen sie nicht. Da ist es zu warm. Aber Haselnußbäume lieben sie – das heißt deren Wurzeln. Wie auch die von Eichen, Weiden und Pappeln. Ohne diese Nachbarn kann die Trüffel schlichtweg nicht existieren. Sie ist auf Fremdnahrung angewiesen, die sie in der wechselseitigen Symbiose mit dem Wurzelwerk erhalten kann.

Laika scheint wieder fündig geworden zu sein. Die Vorderläufe wirbeln im Erdreich, bis sie zur Seite gedrängt wird und Benvenutos Hände den Boden vorsichtig ergründen: sorgfältig wird der Fund von der Erde gesäubert. Treffer! Diesmal ist es eine echte *weiße* (*Tuber magnatum pico*) und eine schöne dazu. Geradezu unanständig, welch' süchtigmachenden Duft dieser Erdling verströmt! Das ist das Geheimnis: die Trüffel genießt zuallererst die Nase – und dann der Gaumen.

Doch unsere Zweistunden-Pirsch kann leider keine weiteren Erfolge verbuchen. Der Piemonteser sagt: „Ein gutes Jahr für den Wein ist ein schlechtes für die Trüffel", denn Trüffeln möchten es gut feucht. Und es war ein gutes Weinjahr. Wen wundert es, daß die Trüffelbörse besonders hohe Preise notierte.

Der Handel ist perfekt

Börse der Trüffeln

Kulisse: das kleine Städtchen *Alba*, dessen Häuserfassaden noch dunkel im erst heraufdämmernden Licht eines kalten Novembersamstags liegen. In einer kleinen Seitengasse werden mit verschwörerischem Gehabe geheimnisvolle Geschäfte abgewickelt. In kleinen Grüppchen stehen Männer meist älteren Semesters, Bauern aus der Gegend, beieinander, die Hände tief in die Taschen gesteckt. Ein jüngerer Mann wandert dazwischen herum, wechselt hier und da ein paar Worte. Und plötzlich stecken sie die Köpfe dichter zusammen: der Inhalt einer zerknitterten Serviette – aus einer der Taschen ans Licht gebracht – fesselt die Aufmerksamkeit. Jetzt ist es heraus! Das Objekt der Begierde – nunmehr eifrig beschnüffelt, betastet und begutachtet ist eine – *weiße Trüffel*! Der Handel ist schließlich perfekt, gegen Scheine wechselt die Knolle den Besitzer und verschwindet in der großen Tasche des Händlers.

Teuer, teuer...

Tuber magnatum pico – die weiße Trüffel. Die stinkende Knolle, die Alba zur heimlichen Hauptstadt des Piemont und zum Nabel der Feinschmecker-Welt gemacht hat. Was die Rolex unter den Uhren ist die *Alba-Trüffel* unter den Edelpilzen. Werden doch die weißlich bis beige-braunen Pilzgewächse teurer noch gehandelt als feinster Kaviar. „Geld stinkt nicht", aber dafür die Trüffel und die kostet – viel Geld. Und je mehr sie stinkt, umso begehrter ist sie. Wechseln in Alba die begehrten Stücke für 2.000 bis 3.000 Mark je Kilo den Besitzer, so finden wir sie schließlich bei Preisen von 4.000 bis 6.500 Mark unter den Glasglocken hiesiger Feinkostläden (die Preise variieren von Jahr zu Jahr)! Bleiben sie dagegen im Land und nähren uns köstlich – keine Trattoria, kein Ristorante wagt es in dieser Zeit trüffellos zu kochen – sind die Preise weit moderater, das Kleinod auf dem Teller ein Genuß ohne Reue. Über die dünnen Bandnudeln *Tajarin* (S. 53) geschabt, ist einem das Vergnügen schon die etwa 30.000 Lire wert. Triftiger Grund für Gourmets aus aller Welt, die ansonsten verschlafene Region im Westen Italiens zur Herbstzeit aufzusuchen.

Der Mythos

Die morgendliche Steh-Börse hat sich zwischenzeitlich aufgelöst. Die meisten Trüffeln werden sich schon auf dem Weg in die Gastronomie oder per Kühlbox zum nächsten Flugplatz befinden. Die Trüffelspürer stehen mittlerweile bei einem *caffè corretto* in der Bar und tauen ihre steif gefrorenen Glieder wieder auf. Ähnliches Treiben ist in regelmäßigem Wechsel über die Woche an verschiedenen Orten der Gegend zu beobachten.

In unmittelbarer Nähe ist nun auch das große Zelt des *Mercato del Tartufo Bianco d'Alba* geöffnet. Die Nationale Trüffelmesse von Alba füllt im Oktober zwei duftgeschwängerte Wochen lang die Stadt mit Scharen von Gastro-Touristen und die Kassen der Geschäfte mit Bergen von Lire. Im Zelt bieten Trüffelsucher und Trüffelhändler im gedämpft-gelblichen Licht der Leinwand ihre Edelsteine, auf Tischen ausgebreitet, dem breiten Publikum an.

Nun stammt aber beileibe nicht alles, was in Alba, Asti oder Bra auf den Markt kommt, aus piemontesischer Erde. Das *Alba-Etikett* wird gar mancher Edelknolle angeheftet, die schon einen weiten Weg hinter sich hat. Aus unerfindlichen Gründen haben es die *Albesi* geschafft, gerade ihrer Trüffel die Aura des Unvergleichlichen und den Marktwert des Astronomischen zu verleihen. Ein gut Teil daran ist wohl *Giacomo Morras* genialer Marketingidee zu verdanken. Der Hotelier des *Savona* (*Alba*) hatte in den 50er und 60er Jahren verschiedenen Zelebritäten, von Marilyn Monroe bis Winston Churchill, von Chruschtschow bis Papst Paul IV die jeweils schönste Trüffel des Jahres zum Präsent gemacht. Doch auch andere Regionen Italiens wie auch die istrische Halbinsel bergen in ihrem Boden diesen Schatz. Aber die Gourmets wollen nur *Alba-Trüffeln*, und so strebt jede wo auch immer gefundene weiße Knolle nach dem begehrten Gütesiegel. Der unnachahmliche Duft ist allen gleich.

Der Umgang mit der Trüffel

Doch was kümmert alle Herkunftsgrübelei, wird das einmal erstandene Sensibelchen nicht sachgerecht seiner kulinarischen Bestimmung zugeführt! Kaum aus dem Dunkel ans Tageslicht gebracht, will es alsbald – möglichst innerhalb von acht maximal zehn Tagen – wieder ins Dunkel zurück. Diesmal gaumenwärts. Andernfalls wird aus der sonst schnittfesten Delikatesse nolens volens ein überteuerter gummiartiger Bestandteil des heimischen Komposthaufens. Und lagern Sie niemals die *weißen* Trüffeln auf Reis! So darf man nur die schwarzen Verwandten mit ihrer kräftigen Rinde aufbewahren. Reis bindet Feuchtigkeit (warum würde man sonst ein paar Reiskörner in den Salzstreuer geben?) – und trocknet die zarten, weißen Gewächse aus. Am besten die Kostbarkeiten in ein sauberes Tuch wickeln (Haushaltskrepp tut es auch) und in einer luftdicht verschlossenen Büchse ins Gemüsefach legen. Alle zwei bis drei Tage wechseln. So bleiben die Goldstücke frisch und werden auch noch am nächsten Wochenende Ihre Gäste zu Entzückensausbrüchen verleiten können.

Schließlich kurz vor dem Augenblick der Wahrheit – also kurz bevor die weihevolle Hobelei beginnt – die sandigen Erdreste der Trüffel mittels eines weichen Bürstchens trocken entfernen. Vorsicht: allzu frühes vorsorgliches Putzen dieser schützenden Schicht macht der Trüffel den Garaus! Und im Gegensatz zu den dunklen Cousinen sollte ihr jegliches Garen fremd bleiben. In souveräner Einfachheit entwickelt sie roh und hauchdünn ihr unvergleichliches Aroma am besten. Die kostbaren Scheibchen übers Spiegelei geschabt sind für Kenner der kulinarische Olymp.

Primi Piatti – Pasta, Risotto & Co

Pasta asciutta (trockene Nudeln) ist hier Fremdwort – Spaghetti sucht man vergebens. Mammas Küche kennt nur *tajarin* (Tagliatelle) und *agnolotti* (gefüllte Teigtäschchen). Für beide wird der Teig immer frisch zubereitet. Gelber Eierteig, dünn ausgewellt: für die Tajarin gefaltet und ganz schmal geschnitten.

Wie Küchenprofis Agnolotti herstellen, durften wir in der *Osteria Rosa Rossa* (Cherasco) verfolgen: die Füllung wird in langen Würsten auf Teigbahnen gespritzt, die Teigränder anschließend darübergeklappt und festgedrückt. Mit geübtem Kniff wird der gefüllte

Teigstrang in Portionen unterteilt, die Agnolotti dann längs und quer ausgeradelt. Ungeübte Pasta-Fans tun sich allerdings leichter, wenn sie die Fülle Häufchen für Häufchen nebeneinander setzen.

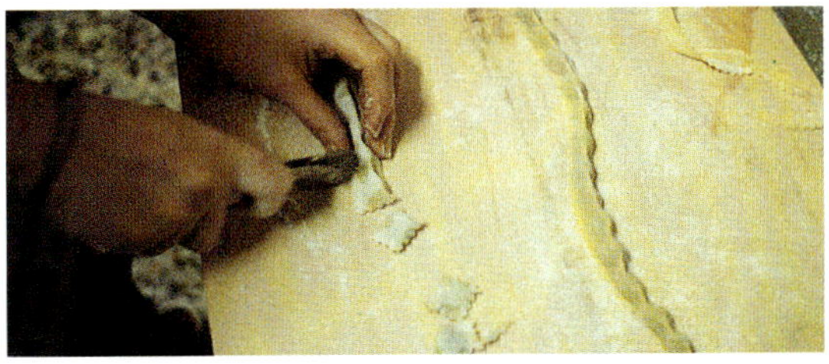

Über die frisch gekochten Täschchen etwas zerlassene Butter mit Salbeiblättchen geben, und Sie haben den einfachsten aller Genüsse auf dem Teller.

Primi piatti sind eigentlich nichts anderes als schmackhaft gewürzte und saucenveredelte Getreideprodukte – und *minestre* (Suppen). Reis wird *risotto*, aus Mais wird *polenta*, Kartoffeln werden zu *gnocchi* verarbeitet und Weizenmehl zu *tajarin* und *agnolotti*. Schlichte Rezepturen, preiswertes Material. Das Geheimnis der Gerichte ist ihre Einfachheit und Frische.

Tajarin

dünne Bandnudeln (Grundrezept für 4 Personen)

400 g Weizenmehl, 1 EL Hartweizengrieß,
3 ganze Eier, 5 Eigelb, Salz

Mehl und Grieß mischen. In eine Mulde Eier, Eigelb und eine Prise Salz geben. Alles vermischen und zu einem geschmeidigen Nudelteig verkneten. Diese Prozedur entscheidet über die Qualität der Nudeln. Ist der Teig zu mürbe, etwas Wasser zugeben. Den Teig portionsweise zu dünnen Platten auswellen oder mehrmals gefaltet durch eine Nudelmaschine drehen. Dabei die Dicke ständig reduzieren (bis Einstellung 6). Die Teigplatten auf einem Holzbrett oder Küchentuch kurz zum Trocknen auslegen. Danach locker aufrollen und scheibenweise in 2 bis 3 Millimeter schmale Nudelstreifen (*tajarin*) schneiden. Natürlich kann man auch die Nudelmaschine zum Schneiden benutzen. Die Tajarin locker auf dem Holzbrett auslegen und etwas Hartweizengrieß darüberstreuen. In reichlich Salzwasser wenige Minuten kochen.

Pasta, also *tajarin* sowie auch *agnolotti* werden traditionell entweder mit Salbei und zerlassener Butter oder aber einfach mit Bratenfond serviert. Für *tajarin* stehen auch diverse Saucen zur Verfügung (siehe weiter). Trüffel aber erfahren ihre geschmacklich anspruchsvollste Wertschätzung in Verbindung mit diesen zarten Teigstreifen.

Tajarin al tartufo bianco

Bandnudeln mit weißen Trüffeln (4 Personen)

Tajarin nach Grundrezept,
150 g Butter, 1 weiße Trüffel (etwa 40 g)

Tajarin auf Teller verteilen und mit der zerlassenen Butter vermischen. Am Tisch hauchdünne Trüffelscheiben darüberhobeln.

Tajarin al tartufo di Chris

Trüffelnudeln auf meine Art (4 Personen)

Tajarin nach Grundrezept,
1 weiße Trüffel (etwa 40 g), 4 dl Fleischfond,
1 dl Sahne, Trüffelöl, Muskat, Salz, weißer Pfeffer

Ich wandle das klassisch einfache Rezept gerne auf diese Weise ab, um den Trüffeln noch mehr aromatischen Hintergrund zu geben.
Fleischfond auf die Hälfte reduzieren und mit dickflüssiger Sahne abziehen. Mit Salz, frisch gemahlenem weißen Pfeffer und etwas Muskat abschmecken. Die heißen, kurz abgetropften Tajarin in eine Schüssel geben und die Sauce daruntermischen. Etwas Trüffelöl darüberträufeln und auf Teller verteilen. Am Tisch die Trüffel hauchdünn darüberhobeln.

Sugo di carne

Fleischsauce – zu Tajarin (4 Personen)

150 g Kalbshack, 150 g Schweinehack, 1 Zwiebel, 1 Möhre, 1 Knoblauchzehe, 1 Rosmarinzweig, 1 dl Olivenöl, 4 EL Tomatenmark, Fleischbrühe, Salz und Pfeffer

Diese Sauce wird traditionell zu *tajarin* serviert. Gemüse und Aromate fein hacken und in Olivenöl andünsten. Hackfleisch dazugeben und krümelig braten. Nach 10 Minuten Tomatenmark unterrühren, salzen und pfeffern. Etwas Fleischbrühe angießen und eine Stunde leise köcheln lassen. Wenn die Sauce zu dick werden sollte, Fleischbrühe nachgießen.

Alternativ wird auch Bratensauce vom *Brasato* oder fertiger Bratenfond zu den Tajarin serviert.

Sugo di fegatini all' Albese

Lebersauce – zu Tajarin (4 Personen)

350 g Hühnerleber, 1 kleine Zwiebel, 1 Rosmarinzweig, 400 g gehäutete Tomaten, 20 g Butter, 1,5 dl Fleischbrühe, Salz und Pfeffer

Zwiebel und Rosmarin feingehackt in Butter anrösten. Geputzte und kleingeschnittene Leber kurz anbraten. Tomaten klein gewürfelt zur Leber geben, Brühe nach und nach zugießen. Den *sugo* bei milder Hitze sämig einkochen lassen und mit Salz und Pfeffer abschmecken. Heiß über die *tajarin* geben. Geriebenen Käse dazu reichen.

Agnolotti dal plin

Gefüllte Teigtäschchen (6 Personen)

Teig: 400 g Weizenmehl, 4 ganze Eier, 2 Eigelb, 1 EL Olivenöl, Salz, Eiweiß zum Bestreichen.
Füllung: 200 g Kalbsschulter, 150 g Schweineschulter, 50 g Wurstbrät, 50 g Butter, 1 kleingehackte Zwiebel, 1 kleingehackte Knoblauchzehe, 1 Salbeiblatt, 1 Lorbeerblatt, 1 Rosmarinzweig, Fleischbrühe, 200 g Blattspinat oder Wirsing (gekocht), 1-2 Eier, 50 g Parmesan, Muskat, Salz, Pfeffer

Das in grobe Stücke zerteilte Fleisch in Butter mit Zwiebel, Knoblauch und den Kräutern anbraten, mit etwas Brühe ablöschen und 1 1/2 Stunden bei mittlerer Hitze garen. Spinat bzw. Wirsing mit dem erkalteten Fleisch durch den Fleischwolf drehen, geriebenen Parmesan und Eier zugeben und die Fülle mit Muskat, Salz und Pfeffer abschmecken.
Aus den Teigzutaten einen Nudelteig kneten und zugedeckt kurz ruhen lassen. Den Teig in vier Stücke teilen und diese einzeln weiterverarbeiten, damit der Teig immer geschmeidig bleibt! Das Teigstück mehrmals, immer dünner werdend, zu einer 14 cm breiten Bahn auswellen – am besten geht das mit der Nudelmaschine – und auf einer bemehlten Arbeitsfläche mit Eiweiß bestreichen. Mit einem Teelöffel zwei Reihen nußgroße Häufchen Füllung auf die Bahn setzen. Abstand zum Rand etwa 2 cm. Beiderseits die Teigränder darüberklappen und die Zwischenräume andrücken. Mit dem Teigrädchen längs und quer die Agnolotti ausradeln. Auf einer bemehlten Fläche eine Stunde trocknen lassen. In Salzwasser wenige Minuten kochen; wenn sie an die Oberfläche kommen, herausheben und abtropfen lassen.

Man serviert die *agnolotti* heiß mit Salbeiblättchen, in flüssiger Butter geschwenkt, oder aber – ebenso klassisch – mit dem Schmorfond vom Braten. Statt der Fleisch-Gemüse-Fülle kann es auch eine mit Pilzen, Spinat und Ricotta sein.

Crespelle di fonduta: zarte, Fonduta-gefüllte Pfannkuchen

Crespelle di fonduta

Käsecrepes (6 Personen)

Teig: 250 g Weizenmehl, 5 dl Milch, 4 Eier, Salz.
Fonduta: 400 g Fontina, 2 dl Milch, 80 g Butter,
4 Eigelb; 50 g Parmesan

Für den Teig Milch, Eier und Salz mit dem Schneebesen verschlagen. Unter Rühren Mehl einstreuen, bis ein glatter Teig entstanden ist. In einer Pfanne mit wenig Fett zwölf dünne Pfannkuchen hellbraun backen. Dick mit *Fonduta* (S. 27) einstreichen, zu Rollen wickeln und in eine leicht gebutterte Gratinierform setzen. Mit frisch geriebenem Parmesan bestreuen und im 180 Grad heißen Backofen überbacken, bis Käse und Oberfläche zu bräunen beginnen.

Gnocchi di patate al Castelmagno

Kartoffelnocken mit Käsecreme (6 Personen)

1 kg mehligkochende Kartoffeln, 250 g Weizenmehl,
50 g Butter, 100 g Castelmagno-Käse, 2 dl Sahne,
30 g geriebener Parmesan, Salz und Pfeffer

Geschälte Kartoffeln kochen und noch warm durchpassieren. Mehl untermischen und zu einem festen Teig verarbeiten. Auf einer bemehlten Fläche zu fingerdicken Stangen rollen und in 3 cm lange Stücke schneiden. Diese mit den Zinken einer bemehlten Gabel leicht prägen. *Gnocchi* in Salzwasser kochen und herausnehmen, wenn sie aufschwimmen. In einer Pfanne mit zerlassener Butter kurz schwenken. Bei kleiner Hitze gewürfelten Castelmagno, Sahne und Parmesan hinzufügen bis der Käse geschmolzen ist und die Gnocchi cremig umgibt. Heiß servieren und nach Belieben mit Parmesan überstreuen.

Cisrà

Kichererbsensuppe (4 Personen)

500 g Kichererbsen, 50 g durchwachsener Speck, 1 Zwiebel,
1 Knoblauchzehe, 1 Rosmarinzweig, 2 Salbeiblätter,
2 EL Olivenöl, 1 l Fleischbrühe, 1/2 Selleriestange, 1 kleine Möhre

Kichererbsen über Nacht in Wasser mit etwas Natron einweichen. Speck würfeln, Zwiebel und Knoblauch klein hacken. Mit den Kräutern in Olivenöl andünsten. Fleischbrühe angießen und die Kichererbsen dazugeben. Zwei Stunden zugedeckt leise köcheln lassen. 15 Minuten vor Ende der Garzeit das kleingeschnittene Gemüse zugeben. Zur Suppe serviert man in Butter geröstete Brotscheiben.

Polenta fritta con funghi

Polenta

Maisbrei (Grundrezept für 4 Personen)

Die Zubereitung ist denkbar einfach, erfordert jedoch Zeit und einige Muskelkraft, verwendet man klassischen Maisgrieß und nicht den hier auch erhältlichen Schnellkoch-Polentagrieß.

400 g Maisgrieß (otto file), 1,5 l Wasser, Salz

Salzwasser zum Kochen bringen und Maisgrieß unter Rühren portionsweise einstreuen. Eine Stunde lang bei kleiner Hitze fertiggaren und dabei ständig rühren, damit nichts am Topfboden anhängt.
Das einfachste Gericht besteht aus einem guten Klecks heißer Polenta, ein Stück Butter darauf, wiederum von Polenta bedeckt und mit üppig Parmesan überstreut.

Polenta wird auch als Beilage zu Wild und Geflügel in Schnitten gereicht. Dafür die warme Masse auf einem Holzbrett fingerdick ausstreichen und erkalten lassen. In Stücke teilen und in Butter oder Olivenöl braten.

Polenta fritta con funghi

Polentaschnitten mit Pilzen (4 Personen)

Polenta nach Grundrezept,
200 g frische Steinpilze, 1 Knoblauchzehe,
1/2 Bund Petersilie, 1 Tomate (gehäutet, ohne Kerne),
4 EL Olivenöl, 4 EL Fleischbrühe, Salz und Pfeffer

Polentamasse ausstreichen und erkalten lassen. Pro Person zwei bis drei Rauten ausschneiden.
Knoblauch und Petersilie gehackt in zwei Eßlöffeln Olivenöl andünsten. Fein geschnittene Steinpilze mitbraten bis die ausgetretene Flüssigkeit verdampft ist. Kleingeschnittene Tomate zugeben, würzen und mit Fleischbrühe ablöschen. Eine halbe Stunde auf kleiner Flamme kochen. Polentaschnitten im restlichen Olivenöl braten und mit Salz und Pfeffer würzen. Auf Küchenkrepp abtropfen lassen, auf Tellern anrichten und die Pilzsauce darübergeben.

Risotto al Barolo

Barolo-Risotto (4 Personen)

400 g Carnaroli-Reis, 1 Zwiebel, 40 g Rindermark,
60 g Butter, 5 dl junger Barolo, 1 EL Tomatenmark,
1 l Fleischbrühe, Salz und Pfeffer

Feingehackte Zwiebel und Rindermark in 20 g Butter bei milder Hitze glasig dünsten. Den *ungewaschenen* (!) Reis einige Minuten mitdünsten und mit Wein ablöschen. Ist dieser verkocht, Tomatenmark unterrühren und 1/4 Liter Brühe zugeben. Unter Rühren immer wieder Brühe nachgießen bis sie verbraucht und der Reis gar ist, das heißt zart und mit „bissigem" Kern – *al dente*. Mit Salz und Pfeffer nachwürzen und neben dem Herd mit der restlichen Butter zu einem suppig-cremigen *Risotto* rühren.

Risotto col tartufo

Trüffel-Risotto (4 Personen)

400 g Carnaroli-Reis, 1 Zwiebel, 30 g Butter, 1 EL Olivenöl,
3 dl Arneis (trockener Weißwein), 0,7 l Geflügelbrühe,
1 weiße Trüffel (40 g), 50 g Parmesan, 50 g Robiola (Frischkäse),
3 dl Sahne, Salz und Pfeffer

Feingehackte Zwiebel in Butter und Öl glasig dünsten und den Reis dazugeben. Einige Minuten bei milder Hitze mitrösten. Wein zugießen und vollständig verkochen lassen, damit die Säure abgeht. Unter Rühren die Brühe nach und nach zugeben bis der Reis gar ist. Trüffel mit einer weichen Bürste putzen – *nicht waschen*! – und ein Viertel davon hauchdünn hobeln und klein schneiden. Neben dem Herd geriebenen Parmesan, klein geschnittenen Robiola und Trüffelspäne unter den Reis arbeiten. Sahne einrühren. Mit Pfeffer und Salz abschmecken, ein paar Minuten ziehen lassen und mit den restlichen Trüffelscheiben bedeckt servieren.

Panissa Vercellese

Reistopf aus Vercelli (4 Personen)

30 g rote Bohnen, 300 g Vialone-Reis, 1 Zwiebel,
1 Selleriestange, 100 g durchwachsener Speck,
1 Salàm 'd la doja, 5 dl Barbera, 6 dl Fleischbrühe,
Olivenöl, Salz und Pfeffer

Die über Nacht eingeweichten Bohnen in leicht gesalzenem Wasser weichkochen. Kleingeschnittene Zwiebel, Sellerie und Speck in Olivenöl bräunen. *Salàm 'd la doja* oder eine geräucherte Schweinsbratwurst zerkrümeln und dazugeben. Reis ein paar Minuten mitrösten und mit Wein ablöschen. Ist dieser verkocht, nach und nach Brühe angießen bis der Reis zart und doch *al dente* ist. Mit Salz und Pfeffer abschmecken.

Minestrone di trippa

Kuttelsuppe (4 Personen)

500 g vorgekochte Kutteln, 2 Tomaten (gehäutet und entkernt), 2 große Zwiebeln, 2 große mehligkochende Kartoffeln, 4 EL Olivenöl, Meersalz, 1,5 l Fleischbrühe. Parmesan (Foto: Giorgio Rocca kocht die Minestrone)

Kutteln sorgfältig unter kaltem Wasser waschen und in feine Streifen schneiden. Kleingeschnittene Zwiebeln in Olivenöl andünsten, Kutteln und gewürfelte Tomaten dazugeben. Mit Meersalz zurückhaltend würzen und bei geringer Hitze 40 Minuten schmoren. Damit nichts anhängt, nach und nach die Fleischbrühe zugießen. Die Suppe noch 90 Minuten zugedeckt auf kleiner Flamme zusammen mit den grob gewürfelten Kartoffeln köcheln lassen. Am Tisch mit frisch geriebenem Parmesan servieren.

Crema di zucca

Kürbiscremesuppe (4 Personen)

500 g Kürbisfleisch, 4 Kartoffeln (mehligkochend), Geflügelbrühe, 20 g Butter, 1 TL Kartoffelstärke, Salz und Pfeffer

Kürbisfleisch und geschälte Kartoffeln in grobe Stücke schneiden und zu zwei Dritteln mit Brühe bedecken. Eine Stunde bei mittlerer Hitze kochen, dann pürieren und eiskalte Butterstückchen unterziehen. Kartoffelstärke einrühren und noch 15 Minuten köcheln lassen. Mit Salz und Pfeffer abschmecken – nach Bedarf mit Brühe verdünnen.

Mittelalterliches Spektakel in Alba – der Palio degli Asini

Der Esel-Palio in Alba – ein Tag im Mittelalter

Es fing damit an, daß in dieser Nacht die Glocken des Doms die vollen Stunden zweimal schlugen. Im Abstand von wenigen Minuten – unweit unseres Hotels. So schreckten wir jeweils ein zweites Mal auf, kaum daß wir die Tatsache verdaut hatten, daß die Nacht schon wieder eine Stunde kürzer war. Möglicherweise läuten die Glocken immer zweimal des nachts – wir haben es nicht weiter verfolgt. Doch vermutlich wurden die Albeser eindringlich darauf hingewiesen, daß außergewöhnliche Ereignisse bevorstanden.

Der morgendliche Spaziergang in der Innenstadt führte uns unvermittelt ins Mittelalter! Wo gestern noch städtische Moderne existierte, war heute die Uhr um 700 Jahre zurückgedreht. Flaggengeschmückte Patrizierhäuser blicken auf mittelalterliche Szenen von Bauern, Handwerkern und Adligen in alten und farbenprächtigen

Kostümen. Wir mittendrin. Hier flicht ein ärmlich gekleidetes Bäuerlein Körbe, dort üben martialisch ausstaffierte Krieger mit Pfeil und Bogen, während sich ein paar Ecken weiter Grafen mit Gefolge einem üppigen Festmahl hingeben. Wie Zeitreisende bewegen wir uns durchs Getümmel fremdartiger Gestalten.

Dies ist *Albas* großer Tag. Einmal im Jahr – zur Zeit der Weinernte und der Trüffelmesse – ist hier die Zeit außer Kraft gesetzt. Einmal im Jahr, am ersten Oktobersonntag, gedenken die Bürger mit dem „Turnier der hundert Türme" (*Giostra delle cento Torri*) einem äußerst unangenehmen Ereignis in der Geschichte der Stadt. 1275 hatte die Erzrivalin *Asti* machtdemonstrierend die Umgebung von Alba verwüstet und lästernd vor den Stadtmauern Reiterspiele zu Ehren des heiligen San Lorenzo veranstaltet – Albas eigenem Schutzheiligen. Alba zeigte Selbstbewußtsein und führte innerhalb seiner Mauern ebenfalls ein Turnier auf – zum Spott mit *Eseln*!

Auch in Asti findet alljährlich ein *Palio* – mit Pferden – statt. Doch der *Paglio degli Asini* (Eselrennen) ist bis heute Zeichen der Dauerrivalität zwischen beiden Städten geblieben.

Kurz nach Mittag an jenem Sonntag startet unter Schalmeienklängen und Trommelwirbeln ein imposantes Kostüm-Defilée aller beteiligten *Borghi* (Stadtviertel) Richtung *Piazza del Duomo*, wo Fahnenschwinger akrobatisch ihre Fahnen gen Himmel schleudern. Den sehnlichst erwarteten Höhepunkt des Tages jedoch dürfen wir – dank glücklicher Umstände – im Logenplatz hoch über der Piazza, von Paolas Balkon aus verfolgen. Esel sind die Hauptdarsteller beim *Paglio degli Asini* – der sägemehlbeschichtete Parcours führt strohballenbegrenzt rund um den Dom. In den Farben ihrer Stadtviertel gekleidet stehen junge Reiter startbereit hinter einer weißen Linie, einige Meter weiter die Esel – nur mit Mühe von

Szenen aus einer anderen Zeit

Der Startschuß ist gefallen – die Reiter sprinten los

Helfern im Zaum gehalten. Der Startschuß fällt, die Jockeys spurten los und haben – unter dem Johlen der Menge – erst einmal alle Mühe, auf den Rücken der Tiere zu gelangen. Was sich da Rennen nennt, ist eher Gezockel, Getrappel und Gehobbel – nicht immer in gewünschter Richtung – und beeindruckt durch unsanfte Abwürfe mit anschließendem Verfolgungslauf von Reiter und Esel. Die Zuschauer lieben lärmend dieses Spektakel, und wir fiebern in luftiger Höhe mit. Der Große Preis von Baden-Baden könnte nicht aufregender, ganz sicher nicht so erheiternd sein. Irgendwie kommen dann doch fast alle über die Ziellinie – mal mit mal ohne Rückenlast. Nach zwei Vorläufen und einer Finalrunde wird schließlich der diesjährige Sieger gefeiert: es ist der Esel mit der Nummer 12 vom *Borgo Füm*. Bei lauen Temperaturen dauert der mittelalterliche Zauber auf Gassen und Plätzen noch bis spät in die Nacht. An langen Tischen wird gezecht und gefeiert, während sich Wildschweine überm Feuer drehen. Und wir genehmigen uns noch einen mitternächtlichen Spumante im Gedränge der spiegelglitzernden Bar des *Caffè Calissano*.

Polenta – der gelbe Brei aus Mais

Müller Marino und die Polenta

Zu Zeiten als sich noch die römischen Latifundienbesitzer bei üppigen Gelagen auf ihren Liegen aalten, gab es für die einfachen Bauern und Soldaten nur *puls*. Ein Magenfüller und Armeleute-Brei aus dem billigsten, was man hatte: aus Roggen- oder Hirsemehl. Die *Polenta* der Friulani und Veneter geht namentlich und stofflich auf dieselbe Herkunft zurück. Die aus Anatolien eingeführte *Hirse* nannte man *grano turco* (türkisches Getreide). *Granturco* taufte man schließlich auch – geographisch leicht verwirrend – den *Mais*, welcher, frisch aus dem neu entdeckten Amerika importiert, die

Hirse seither ersetzte und der Polenta ihre bekannt gelbe Farbe gab. Diese Pampe ist bei Norditalienern heute noch so beliebt wie im Süden die Spaghetti. Für uns sind letztere der Inbegriff italienischer Eßkultur, die Polenta weisen wir dagegen achtlos vom Tellerrand. Dabei ist sie eine ideale Begleiterin zu kräftigen Fleisch- und Wildgerichten.

Der Ausflugstip kam von *Giovanna Burdese*, in deren Feinkostgeschäft wir steingemahlenen Maisgrieß für Polenta entdeckten. Der Weg führte von Alba nach Osten. Auf einer vielfach gewundenen Straße passierten wir *Mango* mit seinem ehrwürdigen *Castello*, das nicht nur die *Enoteca* der Moscatoregion, sondern auch ein elegantes Ristorante beherbergt. Nach dem nächsten Höhenzug ging es tief hinunter ins Belbo-Tal nach *Cossano Belbo*. Eingekeilt zwischen steilen Hängen liegt das kleine Städtchen, wo Müller *Felice Marino* seine *Molino a Pietra* betreibt. Das Besondere daran: neben moderner Technik mahlen hier noch wie vor fünfzig Jahren große Steine Körner zu Mehl für Pasta und Polenta, um das sich die gehobene Gastronomie reißt.

Herzlich werden wir empfangen, und voller Stolz zeigt uns *Papa Felice* mit seinen Söhnen *Flavio* und *Ferdinando* das alte Mahlwerk. Ich will wissen, wie das Ding funktioniert und erhalte Anschauungsunterricht. Zwei riesige mit Eisenreifen gefaßte Steinräder ruhen in der Konstruktion übereinander. Ihr Abstand voneinander bestimmt den Feinheitsgrad des Mehls, ihre Herkunft die Qualität. Wie für Billiardtische nur portugiesischer Schiefer akzeptabel ist, so darf es für die *palmenti* (Mühlsteine) nur französischer Granit aus den Pyrenäen sein. Der Rest ist Handarbeit. „Immer wieder müssen wir die Mahlflächen mit dem *martello* (Spitzhammer) bearbeiten, um ihnen die notwendige Körnung zu geben" erläutert Flavio.

Und für Polenta kommt nur bester Mais in Frage. Die Sorte *otto file* kann weit mehr Wasser absorbieren als andere und wird wie zu alten Zeiten angebaut und sonnengetrocknet. *Otto file*, das heißt: acht Reihen praller, orangegelber Körner sitzen am schlanken Kolben. Sind es mehr, ist er gut für Mengenware oder Schweinemägen. Es ist wie bei der Weinrebe – je weniger, desto besser.

Ächzend setzen sich die mit Eisenreifen gefaßten Mühlsteine in Bewegung – heutzutage motorgetrieben – und zermahlen bei niedriger Geschwindigkeit behutsam die gelben Körner. Auf diese Weise wird das Korn schonend aufgebrochen. Der Aromaträger, das Keimöl, wird nicht verschleudert, sondern kann sich dem Mehl vollständig mitteilen. Geschmack und Duft bleiben erhalten. In Kanälen wandert langsam das Mehl immer feiner werdend zwischen den Mühlsteinen nach außen. Schließlich rieselt der gelbe Stoff aus einer Schütte und füllt nach und nach kleine Säckchen. Ferdinando gibt mir etwas davon auf die Hand. „Riech mal daran. Che profumo! Diesen Duft und diese Farbe wirst Du bei normalem Grieß nicht finden."

Pasta di Meliga, süßes Gebäck aus Maismehl, müssen wir unbedingt auch noch probieren. *Ezio Parodis Gelateria* in Canelli ist berühmt dafür. Zu den gelben Kringeln wird kühler Moscato geöffnet. Zwei Polenta-Säckchen mit Rezept werden uns beim Abschied noch aufgedrängt. Bezahlen dürfen wir nicht. „Niente!" lehnt Flavio kategorisch ab, „bringt uns einfach birra tedesca mit." Selbiges hatten wir dann auch beim nächsten Mal im Kofferraum. Die Polenta haben wir natürlich zuhause probiert, das Rezept dazu steht auf Seite 58 – Muskelkraft und Ausdauer gehören dazu.

Felice Marino

GAJA

Zicklein über offenem Kaminfeuer bei Cesare

Herbstzeit ist Jagdzeit

Von Fleisch, Wild, Federvieh – und Fisch

Sicher haben auch Sie schon wütend ein zähes Stück Fleisch in die Ecke geschleudert. Damals ist Ihnen klar geworden, wie sehr die Qualität der *prima materia* den Schweiß Ihrer Kochbemühungen belohnen oder schlicht ad absurdum führen kann. Und wie wichtig ein Metzger ist, dem Sie vertrauen können und der diese Qualität liefern kann.

Vitello ist Kalbfleisch und gilt im Piemont als das Beste vom Besten. Aus diesem Grunde ist es auch außerordentlich beliebt. Die Vorliebe für seine Verwendung als *Carne cruda* („rohes Fleisch") spricht eine deutliche Sprache. Die besten Fleischlieferanten weiden auf den kräuterbewachsenen Bergwiesen im Süden unweit der Alpen. Die weißen Rinder der *Razza Piemontese* haben alte Wurzeln sowohl im Aostatal wie auch im toskanischen *Val di Chiana.* Sie kennen keine Hetze und keine Schnellmast. Jahr für Jahr wird in *Carrù* das Rind zum *Festochsen*. Hier im Zentrum der Rinderzucht beginnt schon Donnerstag vor Weihnachten die Völlerei. Die *Sagra del bue grasso*, das „Fest des fetten Ochsen" wird gefeiert. Die Feier geht auf seine Kosten – das Fleisch in den großen Topf für den herrlich vulgären *Gran bollito misto* (auf *piemontes: gran buij*, S. 84). Er ist das Gegenstück zu unserer Schlachtplatte – doch wieder ganz anders. Eine im Sud gegarte Orgie von siebenerlei Fleisch, zu der Kapaun und *Cotechino* zwingend vorgeschrieben sind. Dazu gibt es *Bagnèt verd*, *Bagnèt ross* oder *Saôsa 'd avije* – grüne, rote, oder Honig-Sauce (S. 84, 85). Den Blick auf Ihre Waage sollten Sie vermeiden, oder nach Hause laufen, statt fahren. Leichte Küche ist dies nicht.

Zart und roh

Das Kurzgebratene ist ihre Sache nicht. Fleisch beläßt man in der *cucina piemontese* entweder roh oder läßt ihm eine ausführliche Schmorbehandlung angedeihen. Geschmortes hat den Vorteil, daß automatisch eine wundervolle Sauce dabei entsteht, in der all die guten Aromen der Schmorbeigaben enthalten sind. Luxus des Einfachen. Probieren Sie einmal den klassischen, weingeadelten *Brasato al Barolo* (S. 81). Die Zubereitung ist kinderleicht, und das Lob ihrer Gäste garantiert. Fleischgenuß pur ist die *Carne cruda* (Antipasto aus „rohem Fleisch") – und Nagelprobe für die Qualität der Materie. Wie gesagt, vom Kalb und nicht vom Rind. Unverzichtbarer Bestandteil hiesiger Vorspeisen. In *Alba* kommt sie – wie andernorts der *Carpaccio* – dünn geschnitten, mit Parmesan-, Pilz- oder Trüffelspänen veredelt auf den Teller. Auf *Asti-Art* wird daraus eine Art Tatar, fein gehackt *al coltello* (mit dem Messer) und mariniert (S. 22, 23).

Für *Carne cruda* wird nur das Beste vom Kalb verwendet und das bedeutet hier nicht notwendigerweise Filet. *Rotonda* („Rolle") heißt das Teil und sieht auch so aus. Größe, Gewicht (gut vier Kilo) und saftigrosa Farbe sind einem stattlichen Schweinerücken zum Verwechseln ähnlich. Doch es handelt sich um schieres Kalbfleisch, stammt aus der Unterschale und besitzt nicht ein Gramm sichtbares Fett.

Carne cruda

Würzige Palette: von Salame crudo bis zur getrüffelten Wildschwein-Salami

Ein Würstchen begeistert

Aber auch das Schwein mit all seinen Teilen erfreut sich großer Beliebtheit in Würsten und Kochtöpfen. Aus Savoyer Zeiten stammen noch die „Seidenstrümpfe" – *Batsoà* (von „bas de soie"): in Ei und Semmelbrösel Gebackenes vom Fleisch ausgelöster Schweinsfüße. Ein deftiges Gericht – ganz ohne Hufe auf dem Teller! Darmgefüllte Spezialitäten sind die *Salame cotto* (eine Art Preßsack), die *Salàm 'd la doja* (Salami im Tontopf), *Marzapani* (Blutwurst) der Novaresen und eine besonders leckere Spielart von *Salame crudo* (Rohsalami): das weiche Würstchen begegnete uns erstmals im *Vigin Mudest*, Albas ältester Trattoria. Hier erhielten wir auch unseren ersten Einblick in die piemontesische Küche – einfach, aber klassisch üppig. Der quirlige *Terry* flitzte zwischen Küche und *sala* hin und her und begrüßte zwischendurch seine Gäste. Im gediegenen Rahmen großer Wandspiegel und alter weinbestückter Regale saßen wir zu Tisch, als im Reigen der *antipasti* dies unscheinbare Würstchen unsere Geschmacksnerven zu begeistern wußte. Der kleine Rohling, halb Kalb- halb Schweinefleisch, war derart zurückhaltend doch süchtigmachend gewürzt, daß es nicht nur bei einem blieb.

Die Jagd ist auf!

Ist die Jagd im Herbst eröffnet, bekommen Wildschweine Fracksausen, Hasen ihr Hasenpanier und Fasanen Fernweh. Denn im schußfreudigen Italien sorgen viele Jäger dafür, daß jedes Jahr aufs Neue die Tafel reichlich mit Wildbret und Wildgeflügel versorgt ist. Unter Beifügung frisch gesammelter *Funghi porcini* (Steinpilze) entstehen daraus *Civet* genannte Ragouts und deftige Herbstgerichte. Das kirchliche Fleischverbot zur Fastenzeit wurde spöttisch umgangen mit dem *Tonno di coniglio* (mariniertes Kaninchen), ein Gericht, in welchem auch nicht ein Fitzelchen Thunfisch zu finden ist. Doch das *Vitello tonnato* (S. 22) verdankt seine heute bekannte Rezeptur der Erfindung der Dose, in die man Thunfisch packen kann.

Federvieh ist nicht weniger beliebt und daher das ganze Jahr auf der Speisekarte anzutreffen. Perlhuhn, Truthahn und Ente sind die Favoriten. Weltberühmt, doch zwangsläufig nicht unsterblich wurde ein *Huhn aus Marengo* bei Alessandria. Der große *Napoleon* ließ es sich – wie man berichtet – nach siegreich blutiger Schlacht gegen die Österreicher von einer einfachen Bäuerin zubereiten. Vollkommen unvorbereitet griff sich jene in ihrer Not die Zutaten, die sie gerade zur Hand hatte: Tomaten, Zwiebeln, Pilze und Oliven (S. 88). Wohl kaum entsprachen ihrem bäuerlichen Repertoire die später von französischen Hofköchen hinzukomponierten Trüffeln und Krebse.

Salami-Einkauf
bei Ferrero in Cocconato

Blick über die Alpen

Ein kleiner Seitensprung sei mir an dieser Stelle erlaubt.
Als kochender Künstler und einer der größten unter Piemonts Köchen gilt *Cesare Giaccone* aus *Albaretto Torre*. Der knitze Schnauzbart sprengt mit seinen Kreationen ein ums andere Mal alte Konventionen. Uns servierte er *Fisch*! Fisch aus dem Meer. Undenkbar im Land jenseits der Seealpen. „Im Februar gibt es bei mir *cucina del pesce*, weil jetzt der Markt nicht viel Aufregendes bietet" erklärt er und packt einen Seeteufel beim Schwanz. „Die Ware lasse ich mir von Genua liefern." Während er mit uns plaudert, filiert er Fische, rührt nebenher Saucen und bereitet das Mittagsprogramm vor. Theorie bildet – die praktischen Beweise nähren uns. Ein Zicklein röstete gemächlich über offenem Kaminfeuer, als wir feinste regionale Küche in gekonnter Schlichtheit genießen konnten. Den erwarteten Seitensprung erlaubte er sich mit einem Salat von *Meeresfrüchten*, aber das Rezept für seine Ente gab er uns mit auf den Weg (S. 89).

Cesare Giaccone

Mut und Phantasie gehören dazu, will man sich zu guter Letzt einem der eigentümlichsten Gerichte piemonesischer Küche nähern. Die Mischung ist abenteuerlich: Hack, Hirn und Bries vom Kalb, dazu Aderstränge (*filoni*), Hahnenkämme, Rinderhoden und Schweineleber! So oder in ähnlicher Zusammensetzung präsentiert sich die *Finanziera*. „Nomen est Omen". Einst Lieblingsessen der Turiner Hoch*finanz* erhielt das geschätzte Gericht die Bezeichnung ihres traditionellen Geschäfts-Sakkos – der *Finanziera*.

Secondi Piatti –
Fleischliches aus der Küche

Italienische Küche ist einfach und unkompliziert, aber nie langweilig. Variantenreich wird mit einfachen Grundprodukten Vielfalt erzeugt. Doch mit strenger Disziplin wird klar sortiert, was wann zu Tische kommt. Die *antipasti* sind erste Demonstration, was die Küche so alles zu bieten hat. Von allem darf es da etwas sein. *Primi piatti* (erster Gang) sind Suppen und Teigwaren vorbehalten. Und *secondi piatti* (zweiter Gang) stehen nun für die nahrhafte Verarbeitung alles Tierischen, das einmal gelaufen, geflogen oder gar geschwommen ist. Gebeizt, geschmort verbringt es meist längere Zeit im Topf, denn Kurzgebratenes ist der bäuerlichen Küche fremd.

Brasato al Barolo

Schmorbraten in Barolo (6 Personen)

1 kg Rinderbraten (Schulter),
Marinade: 1 große Möhre, 100 g Staudensellerie,
2 Knoblauchzehen, 2 Zwiebeln, 2 Lorbeerblätter,
1 EL schwarze Pefferkörner, 1 Thymianzweig,
1 Flasche junger Barolo.
50 g durchwachsener Speck, 1 Sardellenfilet (gehackt),
30 g getrocknete Tomaten (pomodori secchi, siehe Foto),
3 EL Olivenöl, 40 g Butter

Fleisch mit kleingeschnittenem Gemüse, Aromaten und Wein in einem Gefrierbeutel für 24 Stunden in den Kühlschrank geben. Dann Fleisch und Beizzutaten abtropfen lassen, den Wein dabei auffangen. Im Bräter Fleisch ringsum in Olivenöl und Butter scharf anbraten. Herausnehmen und im Fett den gewürfelten Speck ausbraten. Beizgemüse, Sardellen und grob gehackte *pomodori secchi* einige Minuten mitdünsten. Braten wieder einlegen, mit der Weinmarinade auffüllen und einmal aufkochen. Zugedeckt im 200 Grad heißen Ofen 2 1/2 Stunden schmoren. Dann Braten (in Alufolie gewickelt) und Gemüse im ausgeschalteten Ofen warm halten. Ein Drittel des Gemüses fein pürieren und damit den Schmorfond binden. Braten in Scheiben schneiden und mit dem Schmorgemüse servieren. Salzen ist überflüssig! Die notwendige Würze bringen Sardellen und die getrockneten Tomaten.

Capretto arrosto

Ziegenlammbraten (4 Personen)

1 kg Ziegenlamm, 6 Knoblauchzehen, 2 Rosmarinzweige,
Olivenöl zum Einreiben, 2 dl Arneis, 3 dl Brühe,
Salz und Pfeffer

Olivenöl mit zerdrücktem Knoblauch, Salz, Pfeffer und Rosmarinnadeln mischen. Das in grobe Stücke zerteilte Lamm damit einreiben. In einem Bräter ringsum kurz anbraten und mit dem Wein ablöschen. Im 180 Grad heißen Ofen eine Stunde garen. Ab und zu mit etwas Brühe übergießen.

Coniglio all' Arneis

Kaninchen in Arneis (6 Personen)

1 Kaninchen (gehäutet und ausgenommen, ca. 2 kg),
50 g durchwachsener Speck, 2 Zwiebeln, 1 Möhre,
1 Selleriestange, 2 gelbe Paprikaschoten,
4 EL Olivenöl, 50 g Butter, 1 Rosmarinzweig,
2 Lorbeerblätter, 3 dl Arneis (trockener Weißwein),
Salz und Pfeffer

Kaninchen waschen, trocknen und in grobe Stücke zerteilen. In einer Kasserolle Speck und Gemüse kleingewürfelt in Olivenöl und Butter glasig dünsten. Darin das Fleisch rundum gut anrösten. Rosmarin und Lorbeer zugeben, salzen und pfeffern und 1 dl Arneis angießen. Eine Stunde im 170 Grad heißen Ofen garen. Einmal die Stücke wenden und den restlichen Wein nach und nach zugeben. Fond passieren, abschmecken und zum Fleisch reichen.

Cinghiale al civet - Herbstküche mit Wildschwein

Cinghiale al civet

Gebeiztes Wildschwein (6 Personen)

1 kg Wildschwein (Keulenfleisch),
Beize: 1 Flasche trockener Weißwein, 1 Zwiebel,
1 Möhre, 1 Selleriestange, 2 Knoblauchzehen, 2 Lorbeerblätter,
1 Rosmarinzweig, 1 EL schwarze Pfefferkörner.
Olivenöl, 1 Flasche Nebbiolo oder Barolo, Salz

Fleisch mit Aromaten und gewürfelten Gemüsen im Weißwein 24 Stunden beizen (Rotwein würde mit seinem Tannin die Poren schließen). Abgetrocknetes Fleisch zerteilen und in Olivenöl scharf anbraten. Beizgemüse wenige Minuten mitschmoren, vorsichtig salzen und den Rotwein angießen. Vier Stunden das Fleisch zugedeckt bei kleinster Hitze schmoren. Eingekochten Schmorfond durch ein Sieb passieren und nochmals abschmecken. Bei Bedarf mit einem Teelöffel Kartoffelstärke binden.
Dazu reicht man fritierte *Polentaschnitten* (S. 58).

Bollito misto alla Piemontese

Gemischter Fleischtopf (8-10 Personen)

1000 g Rindfleisch (Hohe Rippe und Oberschale),
500 g Ochsenschwanz, 500 g Rinderzunge, 1 Suppenhuhn,
500 g Kalbskopf, 1 Cotechino (Schweinskochwurst).
Sud: 1 große Zwiebel, 2 Möhren, 2 Selleriestangen,
1 Bund Petersilie, 3 Knoblauchzehen,
1 TL schwarze Pfefferkörner, Salz

In einem großen Topf (10 Liter) Gemüsestücke und Aromate zum Sud aufkochen. Entsprechend Flüssigkeit entnehmen, um in einem weiteren Topf den Kalbskopf drei Stunden zu garen. Im großen Topf die Rindfleischteile zwei Stunden kochen. Das Huhn nach einer Stunde dazugeben. Kurz vor Ende der Garzeit die Zunge herausnehmen und häuten. *Cotechino* ein paar Mal einstechen, separat in kaltem Wasser erhitzen und 90 Minuten ziehen lassen. Alle Fleischteile aufschneiden und heiß servieren. Ursprünglich kam zum Bollito nur ein Gefäß mit grobem Salz auf den Tisch, doch *Bagnèt verd*, *Bagnèt ross* und *Saôsa 'd avije* werden traditionell zum Festschmaus gereicht.
Den Bollito kann man natürlich auch vorkochen und zum Servieren dann im Sud wieder erhitzen.

Saôsa 'd avije

Honigsauce, „Sauce der Bienen" (4-6 Personen)

200 g Blütenhonig, 100 g Walnüsse (geschält),
1 EL Senf, 3 EL Fleischbrühe

Den Honig im Wasserbad erwärmen. In einem Mörser die Nüsse fein zerstoßen. Senf und Fleischbrühe einarbeiten. Honig untermischen und alles zu einer cremigen Sauce verarbeiten. Mehrere Stunden ziehen lassen.

Bagnèt ross

Rote Sauce (4 Personen)

1 kg vollreife Tomaten, 2 Knoblauchzehen, 1 Zwiebel,
1 Möhre, 1 rote Peperoni, 10 Basilikumblätter,
1 dl Olivenöl, 1 EL Rotweinessig, 1 EL Zucker, Salz

Tomaten überbrühen, häuten und in grobe Stücke schneiden. Gemüse und Kräuter fein hacken und in etwas Olivenöl anbraten. Tomaten, Essig, Zucker und Salz zugeben und kurz aufkochen. Drei Stunden auf kleiner Flamme zu einem dicken Mus kochen. Durch ein Sieb passieren, das restliche Öl einrühren und erkalten lassen. Diese süß-saure Sauce, sagt man, sei der Vorläufer des Ketchups.

Bagnèt verd

Grüne Sauce (4 Personen)

1 Milchbrötchen, 3 EL Weißweinessig, 1 Bund Petersilie,
2 Knoblauchzehen, 1/4 rote Peperoni, 4 Sardellenfilets,
1 EL Kapern, 2 gekochte Eigelbe, 2 dl Olivenöl, Salz

Das Innere des Brötchens zerpflücken und in Essig einweichen. Die anderen Zutaten fein hacken. Alles zusammen mit dem Öl vermischen, salzen und mit einer Gabel zu Mus verarbeiten. Einige Stunden kühl stellen.

Fleisch, Geflügel, Gemüse und Pilze sind die Zutaten für den Fritto misto

Fritto misto

„Gemischtes Fritiertes" (8-10 Personen)

1. 200 g Lammkotelett, 200 g Kalbsschnitzel, 200 g Geflügelleber, 200 g Kalbsbries (gewässert und gekocht), 2 Hühnerbrüste, 1 Schweinsbratwurst,

2. 200 g Pilze, 200 g Blumenkohlröschen, 1 Zucchino, 1 Fenchel, 4 Möhren, 8 Artischockenherzen, 2 Auberginen

3. 2 Äpfel, 2 Birnen,16 Amaretti (in Marsala eingeweicht)

Weizenmehl, verquirlte Eier, Semmelbrösel, Olivenöl

Der *Fritto misto* ist eine üppige Schwelgerei. Die Palette der Zutaten diktieren Marktangebot, Saison und eigene Vorlieben. Obige Liste ist ein Vorschlag, der beliebig erweitert und verändert werden kann. Klassischerweise gehören dazu: von Fleisch bis Geflügel, Gemüse, Obst und Süßgebäck – jedoch niemals Fisch! Das Fritierte wird auf einer großen Platte oder Gang für Gang – jedoch immer heiß – zelebriert.

Bries kochen und häuten, Blumenkohl und Möhren blanchieren. Alle Zutaten putzen oder waschen, trockentupfen und in mundgerechte Stücke schneiden: Röschen, Streifen, Scheiben. Backofen auf 120 Grad vorheizen. Mehl, verquirlte Eier und Semmelbrösel auf drei Teller verteilen. Die Zutaten gruppenweise darin wenden. Jeweils in separatem Öl goldbraun ausbacken. Abtropfen lassen und im Backofen auf Küchenkrepp bis zum Servieren warmhalten. Sauce gibt es dazu keine, aber reichlich Nebbiolo d'Alba.

Boconcini di faraona

Perlhuhnschnitzelchen (4 Personen)

2 Perlhuhnbrüste, 1 dl Arneis (trockener Weißwein), 150 ml Sahne, Mehl, 20 g Butter, 1 EL Olivenöl, Salz und Pfeffer

Perlhuhnbrust in daumenlange Stücke schneiden und zu Schnitzelchen pressen. In Mehl wenden und in Butter und Öl von beiden Seiten je eine Minute anbraten ohne zu bräunen. Kurz neben dem Herd nachgaren lassen. Dann wieder kräftig erhitzen und mit dem Arneis ablöschen. Vorsichtig rühren bis der Wein fast verkocht ist. Sahne zugeben und die Hitze reduzieren. Mit Salz und Pfeffer abschmecken und weiterrühren. Nach wenigen Minuten sind die Boconcini fertig und cremig zart umhüllt.

Pollo alla Marengo

Huhn Marengo (4 Personen)

1 junges Huhn, 1 Zwiebel (gewürfelt),
500 g reife Tomaten (gehäutet, entkernt),
200 g Champignons, 2 Knoblauchzehen,
20 grüne Oliven (entkernt), 1 dl Weißwein,
1 dl Geflügelbrühe, 3 EL Olivenöl, Salz, Pfeffer

Huhn in Teile zerlegen. In heißem Olivenöl goldbraun braten, salzen und pfeffern. Herausnehmen und warm stellen. Zwiebel glasig dünsten. Tomatenwürfel, Champignonscheiben und zerdrückten Knoblauch dazugeben und 10 Minuten offen schmoren lassen. Wein angießen, einkochen lassen und Brühe zugeben. Hühnerteile mit Oliven wieder in den Topf geben und bei kleinster Hitze erst 30 Minuten zugedeckt, dann 10 Minuten offen fertiggaren.

Pollo cacciatore

Huhn auf Jägerart (4 Personen)

1 großes Hähnchen, 3 große Zwiebeln,
4 Tomaten (geschält und entkernt), 1 rote Paprika,
1 Rosmarinzweig, Olivenöl, Salz und Pfeffer

Gehackte Zwiebeln in Olivenöl glasig dünsten und herausnehmen. Dann das in Teile zerlegte Hähnchen goldbraun braten. Zwiebeln, gewürfelte Tomaten und Paprika sowie den Rosmarinzweig dazugeben. Mit Pfeffer und Salz würzen. Auf kleinster Flamme eine Stunde zugedeckt garen.

Cesare Giaccone veredelt seine Ente mit eigenem Weinessig

Anatra al vinagre

Ente mit Weinessig (4 Personen)

1 Ente (ca. 1,3 kg), Olivenöl, 2 Knoblauchzehen,
1-2 große Zwiebeln, 1 Rosmarinzweig, 3 Nelken,
1 Prise Zimt, 1/4 l Rotweinessig, 1/4 l Fleischbrühe

Die bratfertige Ente in einer Kasserolle mit Olivenöl, Knoblauch, Zwiebeln und den Gewürzen ringsum gut anbraten. Das Fett abgießen und die Ente in den 150 Grad heißen Ofen schieben. Nach 30 Minuten mit etwas Essig übergießen und weitere zwei Stunden schmoren. Dabei nach und nach erst mit Essig, dann mit Fleischbrühe begießen.
Anschließend die Ente aufschneiden und mit dem einreduzierten Schmorfond servieren. Dazu kroß gebackene Polentascheiben reichen.

Bei den Bergbauern von Castelmagno

Oben: Raschera, Fontina, Grana Padano; unten: reifer Murazzano, Toma, Robiola

Bergluft mit Käseduft

Der geschätzte Tafelfreund hat Antipasti, Primi und Secondi unbeschadet überstanden und will sich wohlig ermattet zurücklehnen. Doch halt! Kein Dessert ohne Käse! Hierin sind sich Franzosen und Italiener schon immer einig gewesen. Die mal milde, mal pikant würzige Etappe auf der Zielgeraden eines jeden Menüs erscheint, wenn in der Küche schon „Klar Schiff" gemacht wird. Der Koch hat nichts zu köcheln, der Käse bedarf nicht seiner Bemühungen. Geruch ist sein Markenzeichen. Umweht vom Ruch des Ordinären weiß er jedoch Kennernasen zu entzücken und uns noch den letzten Rest von Hunger zu nehmen.

Weit über 400 Käsesorten kennt man in Italien. Nicht nur Weine, sondern auch 26 Käse besitzen hier die Ursprungsbezeichnung DOC (*Denominazione di Origine Controllata*). Allein acht tragen im Piemont dieses Gütesiegel. Nun kann das Milchprodukt Käse nur so gut sein wie die Milch, aus der es hergestellt wird. Satte Milch im Überfluß liefern die Wiederkäuer auf den fetten Wiesen der piemontesischen *Po-Ebene* für halb Italien. Und zu Käse verarbeitet wird sie für den uns wohlbekannten grün- oder blauschimmeligen *Gorgonzola* sowie den Parmesan-Verwandten *Grana Padano*. Dem halbfetten *Bra* begegnet man am häufigsten, entweder noch jung, oder gereifter mit pikanterem Geschmack. Doch von den Bergen kommen die besten *formaggi*. Die auf den mageren Bergweiden grasenden Kühe und Schafe geben zwar nur wenig Milch. Zuwenig für eine substantielle Milchproduktion. Aber Bergklima und die Kräuter der Wiesen veredeln diesen Saft zum Vorteil der herrlichen Rohmilchkäse.

Der Monviso (3841m)

Wir beschließen, etwas Bergluft und Käseduft zu schnuppern. Die Wege zu den Juwelen der Käsekunst führen dabei in höhere Regionen. Und so steuern wir nach Westen, immer den schneebedeckten *Monviso* vor einem strahlend blauen Himmel im Visier. Vor dem fast 4000 Meter hohen Gipfel entspringt der Po, unmittelbar dahinter beginnt Frankreich. Über die weite Fläche der *Pianura Padana* erreichen wir das mittelalterliche *Saluzzo*, Stadt der Drechselkünstler und der „Giandoja", der typischen piemontesischen Maske. Westlich davon können Sie Ihr Italienisch einpacken, es beginnt eine andere Welt. Das Gebirgstal der *Varáita* ist Heimat einer kleinen okzitanischen Minderheit. Um 1100 aus der Provence vertrieben, pflegt sie auch heute noch alte Bräuche und Dialekt. Alle fünf Jahre, zum Karneval, wird beim *Baìe della Valle Varáita* in historischen Kostümen die Vertreibung der Sarazenen (980) gefeiert.

Die Küche dieser Bergtäler ist eine *cucina bianca*, eine weiße Küche. Milchprodukte und Mehl dominieren. Die beliebten *Ravioles all' Occitana*, kleine Klößchen mit Käse, stehen für viele traditionelle Gerichte. Zwei Täler weiter südlich sind wir beim Thema. Hier hat der feinste unter den piemontesischen Käsesorten, der *Castelmagno* seine Heimat. Hoch windet sich die Straße über *Pradléves* bis zum Ende des *Grana-Tals*, an dessen steile Berghänge sich steingedeckte Häuser schmiegen. In der kleinen Gemeinde *Castelmagno* werden in Handarbeit die runden fünfeinhalb bis sieben Kilogramm schweren Zylinder hergestellt. Würzige Brummer aus geschmeidigem Teig, mit feiner Schimmelmarmorierung. Eine herrliche Geschmacksalliance von *Grana* und *Gorgonzola*. Nur wenige Sommermonate weiden die Kühe auf den Almen, deren Kräuter und Pflanzen der Milch die Würze geben.

Santuario di San Magno

Der Käse mit dem großen „C" wird in so kleinen Mengen hergestellt, daß nicht alles, was auf den Markt kommt, echt sein kann. Die meisten Originale hat sich schon die Gastronomie reserviert.

Doch ganz sicher der Echte begleitet sahnegebunden die zarten Kartoffelklößchen, die wir mittags genußvoll gabeln. Die Spezialität von Anna Maria Arneodo sind die *Gnocchi di Patate al*

Castelmagno (S. 57). Talseitig an die Straße geklebt macht ihre *Trattoria dei Cacciatori* optisch nicht viel her. Es ist kein Ort weihevoller Menüs, sondern eine schlichte Bergkneipe. Nicht glänzendes Tafelsilber, nur einfache Plastikdecken und Blechbesteck liegen auf den Tischen. Unserem Genuß tut dies nicht im mindesten Abbruch.

Frisch gestärkt verlassen wir wieder das Tal und streben über die Provinzhauptstadt *Cuneo* gen Osten ins *Monregalese*. Die Bergregion südlich von *Mondovi*, um die Gemeinde *Frabosa Soprana*, beherbergt einen seltenen Käse-Schatz: der *Raschera* ist heute überwiegend Kuhmilch-, selten Schafs- und Ziegenmilchprodukt. Von Geschmack würzig, leicht salzig, kommt der flache Fladen mit braunbeiger Kruste, in runder oder quadratischer Form auf den Markt. Von Mondovi aus passieren wir in nördlicher Richtung *Carrù* – Hauptstadt der piemontesischen Rinderzucht. Statt Milchkühen steht hier die berühmte weiße *Razza Piemontese* im Mittelpunkt. Sie liefert das edle Fleisch für *Carne cruda*, *Brasato & Co*.

Bei *Murazzano*, im menschenleeren Hochland der *Alta Langa*, erreichen wir die Straße Nr. 661, der Weg nach Süden, der Weg zum Meer. Dies ist das Land der Haselnüsse und des *Murazzano* – Käse mit DOC-Status. Doch bei den Einheimischen heißt der kleine runde Frischkäse nach wie vor *Toma* (Tuma gesprochen) oder *Robiola*. Murazzano gilt als das Zentrum der Schafzucht, und der Käse war ursprünglich ausschließlich Produkt ihrer Milch. Doch heute kann auch Kuhmilch dabei sein. Es wird schon dämmrig, als wir die wolligen Milchlieferanten auf einer Wiese erblicken. Vom nicht weit entfernten *Paroldo* suchen wir den Weg zur *Cascina Raflazz*. Bei *Anna* und *Claudio Adami* können wir den kleinen Rundling erstmals probieren. Als wir eintreffen, blicken wir auf Reihen von Schafeutern. Anna ist gerade beim Melken. Zweimal täglich wird Milch gezapft – morgens und abends. Die geronnene Milch, ganz prosaisch in runden Plastikkörbchen, füllt die Regalbretter im Käseraum. Das schlichte Stück gerät zur Delikatesse, wenn es noch tagesfrisch, körnig und weich, von *Bagnèt verd* oder einer Honigsauce (*Saôsa 'd avije*, S. 84, 85) begleitet wird. Länger gereift wird der Geschmack pikant, die Farbe strohgelb. Wem nicht alles Käse ist, dem servieren an Wochenenden (nach Voranmeldung) die Adamis auch ganze Menüs.

Ein Hauch von Trüffeln umwabert die *principessa* der Käsecremes. *La Fonduta* ist – Gipfel der Einfachheit – jene unnachahmlich sanfte Verbindung aus Eidotter, Milch und *Fontina*. Zarte Trüffelscheiben darüber – aus, basta (S. 27). Der sonnengelbe Käse kommt von den Höhen des *Aostatals*, das aus historischer Sicht dem Piemont zuzuordnen ist. In Felsenkellern reifen die wagenradgroßen Laibe zu ihrer geschmacklichen Vollendung. Ein Ausflug zu

Sie liefern die Milch für den Murazzano

den Quellen nach Norden ist uns jedoch zu weit, der Tag schon vorangerückt. *Monforte d'Alba* liegt auf dem Rückweg, und wir kehren ein in der *Trattoria della Posta*. Den Aperitif nehmen wir an der Bar. Papa Sabino Massolino schenkt aus. Der Weg zum Tisch führt mitten durchs winzige Reich der Töpfe, wo Gianfranco schon vor Jahren Mamma Elvira abgelöst hat.

Der Auftakt ist vielversprechend. Lang entbehrter Blattsalat bekommt unvermutet, wiewohl fein dosiert, wieder eine Chance. Auf delikat marinierten Streifen von Endivie, Radicchio und Möhren thront eine reich getrüffelte *Carne cruda*. Die Offenbarung des Abends wird uns aber ein paar Etappen weiter zuteil. Der 93er Arneis von Giacosa neigt sich schon dem Ende, als *Uovo in camicia* (Ei im Hemd, S. 26) in Suppentellern aufgetragen wird. Sanft wölbt sich die cremige *Fonduta* über zart pochiertem Ei, üppig mit hauchdünnen Trüffelscheiben bedeckt. Unser Werkzeug ist ein Suppenlöffel, der Genuß ein unbeschreiblicher als sich Käsecreme und auslaufendes Dotter verbinden. Trüffeln adeln diese Emulsion. Der Rest des Abends ist angenehmste Erinnerung – das Rezept fortan Highlight unseres Köchel-Verzeichnisses!

Das Baratti & Milano in Turin

Die Caffès von Turin und die Schokolade

Lieben Sie Süßes? Dann sollten Sie eine Visite von Turin ernstlich in Erwägung ziehen. Warum, wird sich Ihnen bald erschließen. Autobegeisterte werden, einem inneren Rufe folgend, sowieso dorthin drängen, wo Agnelli Fiat produziert und Pininfarin Design gestaltet. Und Kunstbeflissene haben ein sattes Programm vor sich, um all das zu besichtigen, was die Savoyer an Kunst in Museen, prächtigen Kirchen und höfischen Palästen hinterlassen haben. Verkehrsstaus brauchen Sie kaum zu fürchten, denn viele Straßen sind so üppig bemessen, als ob die alten Stadtbaumeister schon das automobile Zeitalter vorausgeahnt hätten. Turin ist eine geschäftige Stadt. Industrie, Banken, Verwaltungen und Universität bestimmen den Puls der Metropole.

Turin ist auch die Stadt der *Arkaden*. Wer nicht fußkrank ist, kann ohne Ende und viele Kilometer lang in deren Schutz die Straßen und großzügigen Plätze der savoyardischen Baumeister durchstreifen. Wir wissen dies sehr wohl zu schätzen, da ein regnerischer Himmel unsere Laune auf die Probe stellen will. Hier im Herzen der *città*, zwischen Piazza San Carlo und Piazza Castello, Via Roma und Via Po bedienen die feinen Adressen von Mode und Design vornehm zurückhaltend ihre zahlungskräftige Kundschaft. Wir halten uns ebenso vornehm zurück, schonen damit unseren Geldbeutel und steuern stattdessen zielbewußt auf eine holzgefaßte, mit goldenen Lettern verbrämte Schaufensterfassade zu, hinter deren Scheiben uns luxuriöse, spiegelbeglänzte Kaffeehausatmosphäre entgegenfunkelt – das *Caffè Mulassano*. Der Patron thront hinter der Kasse. Weißgeschürzt mit schwarzer Fliege sorgen zwei junge Männer hinter onyxschwerem Tresen für unser leibliches Wohl. Wir genießen in beschaulicher Ruhe unseren *Cappuccino* und atmen Vergangenheit.

Caffè Mulassano

Die *Caffès* sind ein Kapitel, auf das die Turiner nicht ohne Grund besonders stolz sind. Angeblich wurde hier erstmalig in Europa Kaffee ausgeschenkt. Also alte Tradition! Zu sehen und genießen im *Piatti*, *Torino*, *Stratta*, *Fiorio* und wie sie alle heißen.
Die Institution *Caffè* war und ist Treff von Intellektuellen und Künstlern, Schauspielern und Dichtern. Heutzutage kommt man einfach mal auf einen *bicerin* („Gläschen": ein Kaffee mit Schokolade und Sahne), weil man dabei so schön plaudern kann.

Der kleine Luxus

Die exquisite Kunst der Turiner Konditoren offenbart sich uns eine Ecke weiter, als wir neben einer der herrlichen glasgedeckten Galerien das *Baratti & Milano* an der Piazza Castello betreten. Im nobelroten Ambiente der lichten Räume ist das Herzstück der Einrichtung schnell ausgemacht. Eine Konfektvitrine präsentiert in schamloser Weise ihre grandiose Auswahl an Savarins, cremegefüllten Windbeutelchen, mit Früchten belegten Törtchen, Schokopralinen und, und, und. Alles im Kleinstformat – geradezu eine Aufforderung nicht die Wahl zur Qual werden zu lassen, sondern beherzt zuzugreifen. Jedes einzelne der Kleinodien wird von einer freundlichen jungen Dame sorgfältig in Papierchen gepackt, nachdem wir unsere Bestellung „von jedem mindestens eins" aufgegeben haben. Bezahlt wird nach Gewicht.

Kolumbus und die Folgen

Ein üppiger, tiefschwarzer Schokopudding – eher eine Mousse – hatte vom ersten Augenblick meine größte Zuneigung errungen. „Der *Bonèt* besteht aus Milch, frischen Eiern, reichlich Zucker, Amaretto-Makronen, Rum und Kakaopulver" verriet mir Signora Rosso das Rezept für diesen piemontesischen Dessert- Klassiker (S. 109). Sein alkoholgestütztes, frischherbes Aroma ist Balsam für Gaumen und Magen – und zu einem guten Teil der darin enthaltenen Schokolade zu verdanken. Die schwarze Masse aus dem Pulver der Kakaobohne ist als Begleitung respektive Be-Kleidung von Süßem ja äußerst begehrt. Sie umhüllt Nüsse, glaciert Früchte und liebt auch Eis am Stiel. Und schuld daran ist nur *Kolumbus*. Was uns zu einem kleinen Exkurs in die Vergangenheit bringt.

Süße Welt im Baratti & Milano

Als jener nämlich die Handelswege nach Südamerika erschloß, fand in der Folge die *Kakaobohne* – „Nahrung der Götter" – den Weg nach Europa. Sie erreichte im 17. Jahrhundert schließlich auch Turin. Dort machte das daraus gewonnene schwarzbraune Pulver schnell Furore. Zuerst als flüssiges Schokoladengetränk *ciocolata*, bis dann die Familie *Caffarel* Rezepturen und Maschinen zur Herstellung fester Schokolade entwickelte. Doch auch ein Schweizer namens *Cailler* holte sich hier das entsprechende Know-how. In der Folge erfanden die Eidgenossen Milchschokolade und gossen die braune Masse in Tafeln, während die Turiner feinste Pralinen und Edelkonfekt herstellten. Das Turiner Konfekt wurde mit Luxussteuer belegt und blieb fortan elitär. Die Tafelschokolade wurde ein Renner und machte die Schweiz weltweit zum Schokoladeland Nummer Eins. So hatten die Turiner das Nachsehen. Trotzdem blieb die Schokolade ein traditioneller und wesentlicher Bestandteil ihrer Konditorkunst. Die *Gianduja*-Schokolade ist eine ihrer Erfindungen. In dieser Tradition stellt auch heute noch die kleine, aber berühmte Schokoladenfabrik *Peyrano* am anderen Ufer des Po ihre Pralinen her. Der Grundstoff Kakao kommt wie einst aus Süd- und Mittelamerika. Auch Signora Rossos *Bonèt* wäre nichts ohne ihn.

Die zarte Runde und die Stachlige

Wer liebt sie nicht – die *Haselnuß*. *La tonda gentile*, der „zarten Rundlichen", liegen Trüffeln zu Wurzel-Füßen und Patissiers reißen sich um sie, die Reben-Welt der Weine ist ihr Zuhause. Obwohl die erste Annäherung spröde an der harten Schale abgewiesen wird, erweist sie sich – erst einmal enthüllt – von eleganter Zartheit. In den Hügeln der *Langhe* ist diese wohlschmeckende Spezies anzutreffen, deren weltweit geschätzte Eigenschaft vor allem darin besteht, in Schokolade gehüllt, auch Monate ohne Kühlregal geschmacklich zu überleben, ohne ranzig zu werden.

Auf der Fahrt in die höheren Regionen des Hügellandes passieren wir zunehmend häufiger grün glitzernde Reihen säuberlich ausgerichteter Haselnußplantagen – meist in der Nachbarschaft edler Weingewächse. Doch geht es über 500 Meter hinaus, wird den Reben langsam die Luft zu dünn. Hier aber fühlt sich die Nuß erst richtig wohl. Im August wird geerntet, und nach kurzer Trockenlagerung kommt *la tonda* auf den Markt und macht für kurze Zeit das Städtchen *Cortemilia* zum Zentrum der braunen Kugeln. Zu Ehren der „Runden" wird hier alljährlich Ende August die *Sagra della nocciola* mit einem großen Kuchenback-Wettbewerb veranstaltet.

Nussige Desserts im Allgemeinen wie die *Torta di nocciole* (S. 113) im Besonderen bilden das Rückgrat piemontesischer Dessertkarten. Als würdiger Schlußpunkt krönt dieses köstliche Backwerk so manches Mahl. Wie auch an jenem Sonntag in der *Trattoria del Castello* von *Baudana*. Wochentags gibt es hier nur Mittagstisch. Am Wochenende speisen lärmend Großfamilien an langen, reich gedeckten Tischen. Es gab eines jener typischen, nicht endenwollenden Menüs, wo jeder Versuch, maßzuhalten und den nächsten Gang zu überspringen zum Scheitern verurteilt ist. Sagte der Magen „nein", wurde er von Augen und Nase schamlos überstimmt. Was *Mamma Zunino* aus der Küche schickte, fand überall reißend Absatz. Natürlich auch bei uns am Tisch. Es konnte nicht ausbleiben: das Ende jenes kräftezehrenden Marathons versüßte schließlich ein Stück besagten Nußkuchens, begleitet von einer unnachahmlich zarten *Crema di moscato*. Gut gekühlt und süß half ein *Moscato d'Asti* dem Ganzen auf den Weg.

Torrone

Nuß im Herzen

Ganze Süßwarenindustrien gründen im Piemont auf der Nuß. *Ferrero* – mit Sitz in Alba – verschickt seine Schokonußkugeln in die ganze Welt. Auch das Geheimnis der berühmten Turiner *Gianduja*-Nougatschokolade ist die raffinierte Rezeptur mit *Nußmehl*. Doch für den *weißen Nougat* pilgern alle nach dem französischen Montélimar. Oh, ewige kulinarische Konkurrenz! – es gibt ein italienisches Pendant, und das liegt in der Region, wo aus Nebbiolo-Trauben der Barolo gekeltert wird. Diese edle Nougatversion – *Torrone* genannt – wird hier von den Firmen *Sebaste und Martino* – statt mit Mandeln mit *Haselnüssen* – hergestellt. Die weiße Stange aus Honig, luftiger Zuckermasse und halbierten gerösteten Nüssen sieht aus wie türkischer Honig. Zögernd beiße ich in die weiße Masse. Doch allen Befürchtungen zum Trotz ist der Torrone kein klebrigsüßer Plombenzieher, sondern schont locker-knusprig meine verschreckten Zähne.

Die warme Torrone-Masse wird zerteilt (linke Seite unten) und in Holzformen getrocknet

Im Stachelpelz

Der „freundlich Runden" stachliger Widerpart ist die *Kastanie*. Wie kleine Pelztiere liegen die Kugeln zusammengerottet unter den Bäumen im herbstlichen Hügelland der *Alta Langa*. Im Innern beherbergt der stachelbewehrte Panzer drei Samen. „Einen für die Kirche, einen für die Armen und einen für den Bauern", hieß es früher, als die Früchte karger Brotersatz für die Bewohner der Bergtäler waren. Aus dem Mehl der getrockneten Kastanien rührte man *Polenta* und buk Pfannkuchen. Das Holz des Baumes diente der Herstellung von Fässern für Wein und Grappa. Manche Ortschaft wie *Castagnole Monferrato*, *Castagnito* und andere weist auf die nicht unbedeutende Wertschätzung dieser Kugel in vergangenen Zeiten hin. Seitdem jedoch weißes Mehl nicht nur den Reichen vorbehalten ist, kommen die braunen Früchte nur noch bedingt zum Einsatz. Was die Zeiten überlebt hat ist die *Torta di castagne della Pasqua* (S. 113) – der traditionelle Osterkuchen der Piemontesen.

Süße Verführung: das Sambaion aus Eidotter, Zucker und Moscato (S. 110)

Dolci – süßes Ende

Das Menü neigt sich dem Ende. Man ist geneigt, zu glauben, daß nichts mehr geht. Der Magen ist voll, die Glieder schwer – wohlige Ermattung macht sich am Ende kulinarischer Freuden breit. Doch die Lockungen dieser Abteilung setzen Gehirn und Vernunft außer Kraft und trotzen meist mit Erfolg jeglicher Verweigerung. Das Dreigestirn von Nüssen, Schokolade und süßem Moscato spielt die tragende Rolle bei dieser Verführung. *Bonèt,* nußschwere *Torta nocciola* und *Sambaion al Moscato* sind die Klassiker piemontesischen Nasch- und Backwerks. Wem es denn gar zu mächtig wird, dem sei das kühle *Semifreddo allo Zabajone* empfohlen, das wir in Alba's jüngst eröffneter *Osteria Lalibera* serviert bekamen. Der junge *Marco Forneris* steht hier am Herd und zelebriert eine erstaunlich leichte Version Piemonteser Küche.

Bonèt della nonna

Großmutter's Schokoladenpudding

6 Eier (getrennt), 200 g Zucker,
100 g Amaretto-Makronen, 2 geh. EL Kakaopulver (bitter),
1 geh. EL Kakaopulver (süß), 4 cl Rum, 0,5 l Milch

Eigelbe mit 150 g Zucker zur Creme schlagen. Fein zerriebene Makronen, Kakaopulver und Rum unterrühren. Eiweiß steif schlagen, mit der Milch unter die Masse heben und mit dem Schneebesen glatt rühren. Eine Form (Kasten- oder Puddingform: 1,5 l Inhalt) mit Karamel ausgießen: dafür den restlichen Zucker erhitzen bis er Farbe nimmt. Mit 2 Eßlöffeln Wasser ablöschen und rühren, bis er dunkelbraun wird, aber flüssig bleibt. Die erwärmte Form damit ausgießen, Puddingmasse einfüllen und verschlossen im Backofen bei 180 Grad ca. 45 Minuten im Wasserbad garen. Garprobe: bleibt eine hineingesteckte Stricknadel oder ein Holzstäbchen sauber, ist der *Bonèt* fertig. Auskühlen lassen, dann stürzen und in Scheiben servieren.

Sambaion al Moscato

Eiercreme (6 Personen)

6 Eigelb, 4 EL Zucker, 2 dl Moscato d'Asti

Diese Köstlichkeit wurde vor 300 Jahren am Hof der Savoyer in Turin erfunden. Ihren Namen verdankt sie dem Schutzheiligen der Turiner Köche: *San (Giovanni) Baylon* wurde schließlich zu *Sambaion* oder *Zabajone*.
Eigelb in einem Schlagkessel mit dem Schneebesen schaumig schlagen und portionsweise Zucker und Moscato unterarbeiten. Im Wasserbad die Mischung zu einer luftigen Creme aufschlagen. Kalt oder warm in Schalen servieren. Als Süßwein kann auch Marsala verwendet werden.

Panna cotta

„Gekochte Sahne" (8 Personen)

750 ml süße Sahne, 100 g Zucker, 1 Vanilleschote, 2 cl Rum,
3 Gelatineblätter, frisches oder eingemachtes Obst

Gelatine in kaltem Wasser einweichen. 50 Gramm Zucker in der Sahne aufkochen. Vanillemark auskratzen, mit der Schote und Rum dazugeben. 15 Minuten leicht köcheln. Dann neben dem Feuer die Gelatine darin auflösen. In einer separaten Pfanne den restlichen Zucker erhitzen und Farbe nehmen lassen. Mit 2 Eßlöffeln Wasser ablöschen und sämig rühren. Mit diesem Karamel vorgewärmte Förmchen ausgießen und die Sahnemischung einfüllen. Über Nacht im Kühlschrank fest werden lassen. Auf Teller stürzen und mit Obst anrichten.

Semifreddo allo Zabajone

Halbgefrorenes von Zabaione (8 Portionen)

3 Eigelb, 2 EL Zucker, 3 dl Moscato.

3 Eiweiß, 100 g Zucker, 2 dl Sahne; 1 Tafel Schokolade (halbbitter)

Eidotter mit Zucker und Moscato im Wasserbad 20 Minuten zu schaumiger Creme schlagen. Dann stellt man eine *Meringa italiana* her: Eiweiß von 3 Eiern steif schlagen. 100 Gramm Zucker in wenig heißem Wasser dickflüssig auflösen und unter den Eischnee ziehen. Diese Masse zusammen mit der steif geschlagenen Sahne vorsichtig unter die erkaltete Eiercreme heben. In eine längliche Terrinenform (1,5 Liter) füllen und vier Stunden gefrieren lassen. In Scheiben auf Tellern anrichten. Schokolade im Wasserbad schmelzen und mit dem Spritzbeutel dekorative Fäden über *Semifreddo* und Teller ziehen.

Beignets di pere in Arneis

Birnenbeignets (6 Personen)

Teig: 150 g Weizenmehl, 30 g zerlassene Butter, 2 Eier (getrennt), 1 Messerspitze Zimt und Salz, Saft von 1 Zitrone; 6 Birnen, 4 dl Arneis (Weißwein), 100 g Zucker, 1 Zimtstange; 1 l Olivenöl, Puderzucker

Für den Teig zuerst die Eiweiß steif schlagen. Aus den übrigen Zutaten einen Teig rühren und den Eischnee unterheben. (Wenn nötig, mit etwas lauwarmem Wasser flüssiger machen.) Geschälte und entkernte Birnen halbieren und in Wein, Zucker und Zimt weichkochen. Quer in Scheiben schneiden, in den Ausbackteig tauchen und in heißem Öl goldgelb fritieren. Auf Küchenkrepp abtropfen lassen, mit Puderzucker bestäuben und warm servieren.

Pesche al Barbera

Pfirsiche in Barbera (4 Personen)

2 feste Pfirsiche, 4 dl Barbera, 1 EL Zucker, Schale von 1/2 Zitrone und 1/2 Orange, 5 Gewürznelken, 1 Zimtstange, 1 Msp. Salz

Barbera mit den Gewürzen in einem Topf erhitzen. Ungeschälte, halbierte Pfirsiche 10 Minuten darin auf kleiner Flamme ziehen lassen. Pfirsichhälften herausnehmen, erkalten lassen und auf Teller verteilen. Den Wein dickflüssig einkochen, abseihen und über die Früchte geben. Dazu paßt ein *Sambaion,* der mit Barbera statt Moscato zubereitet wird.

Torta della Pasqua

Oster-Maronentorte

500 g getrocknete Maronen (geschält), 1/2 l Wasser und 1/2 l Milch zum Kochen, 1 Msp. Salz – (oder Maronen aus der Dose). 4 Eier, 50 g Butter, 1 großer Apfel (fein geraspelt), 1 Tasse Espresso, 100 g Blockschokolade (gehackt), 1 Päckchen Vanillezucker, 1 TL Kakaopulver (bitter), 1 Mandelmakrone (zerbröselt), 6 cl Marsala, 2 cl Rum

Maronen in leicht gesalzenem Wasser und Milch zwei Stunden weichkochen. Maronen pürieren und mit den anderen Zutaten zu einem Teig verarbeiten. Teig in eine ausgebutterte runde Backform (20 cm Durchmesser) einfüllen. Im Backofen bei 200 Grad ca. eine halbe Stunde backen. Der Kuchen ist gar, wenn ein hineingestecktes Holzstäbchen sauber bleibt.

Torta langarola di nocciole

Haselnußkuchen

400 g geriebene Haselnüsse, 200 g Butter, 4 Eier, 3 EL Zucker, 4 EL Mehl, 1 Tasse Espresso, 4 cl Rum, 1 Päckchen Backpulver

Weiche Butter schaumig schlagen, Eier und Zucker untermischen. Nüsse, Mehl und Backpulver einarbeiten, Espresso und Rum unterrühren. Eine Springform oder kleine Tarteförmchen ausbuttern und den Boden leicht bemehlen. Teig einfüllen und im Backofen bei 180 Grad 30-40 Minuten backen. Warm servieren mit heißem *Sambaion* (S. 110). Dazu paßt gut ein Glas eiskalter Moscato.

Frittierte Bugie und süße Kringel aus Maismehl

Bugie di Carnevale

Karnevalsgebäck (10 Personen)

Bugia oder *busia* heißt auf piemontesisch „Lüge". Nach altem Brauch mußte man zur Karnevalszeit für jede Lüge eine Bugia essen.

1 kg Weizenmehl, 100 g Zucker, 50 g Vanillezucker,
100 g zerlassene Butter, 1 abgeriebene Zitronenschale,
4 Eier, 1 Päckchen Backpulver, 2 EL Milch, 1 Msp Salz.
1 l Fritieröl, Puderzucker

In das Mehl eine Mulde drücken, die Backzutaten hineingeben und alles zu einem glatten, geschmeidigen Teig verkneten. Diesen zwei bis drei Millimeter dünn ausrollen. Etwa fünf Zentimeter große Rauten und Dreiecke ausradeln. In heißem Öl die Teigstücke fritieren bis sie aufquellen und goldbraun knusprig sind. Auf Küchenkrepp abtropfen lassen und mit Puderzucker bestäuben.

Amaretti

Mandelmakronen

300 g gemahlene Mandeln, 3 Eiweiß, 300 g Zucker,
1 Röhrchen Bittermandel-Aroma, Puderzucker

Mandelmehl 15 Minuten im Ofen rösten. Eiweiß nicht zu steif schlagen. In einer Schüssel Mandeln mit Zucker, Bittermandel-Aroma und Eischnee vermischen. Ein Backblech mit Backpapier auslegen und die Masse teelöffelweise in Häufchen aufsetzen. Leicht mit Puderzucker überstäuben und eine halbe Stunde ruhen lassen. Im Ofen bei 180 Grad 20 bis 30 Minuten backen. Außen knusprig und innen zart – so müssen sie sein.

Pasta di meliga al limone

Süßes Maisgebäck

300 g Maismehl, 100 g Weizenmehl Type 405, 1 Msp. Salz,
230 g Puderzucker, 300 g weiche Butterstücke,
2 Eier, 1 Eigelb zum Bestreichen, abgeriebene Schale von 1 Zitrone

Alle Zutaten mischen und zu einem festen Teig verarbeiten. Eine Stunde kühl ruhen lassen. Auf einer bemehlten Arbeitsfläche daumenstarke Stangen rollen und in 6 cm lange Stücke schneiden. Auf ein mit Backpapier ausgelegtes Blech plazieren, mit dem verrührten Eigelb bepinseln und längs mit dem Messer mehrmals einkerben. Im 180 Grad heißen Ofen etwa 20 Minuten goldgelb backen.

Edle Tropfen für anspruchsvolle Weinliebhaber

Herbstsonne über den Hügeln des Barolo

Im Gefolge des Königs Barolo

Wenn der Schnee schmilzt auf den Hügeln des *Barolo*, verrät die Sonne jene Stellen, wo Bacchus' beste Tropfen wachsen. Wo ihre Strahlen das Weiß zuerst durchdringen, liegen die Flecken, die altpiemontesisch *Sôri* (sonnig, Süden) heißen und die Top-Weinlagen für den „König der Weine", den *Barolo,* bezeichnen. Dieser wuchtige Edelwein hat es innerhalb weniger Jahrzehnte geschafft, in die Spitzenklasse international renommierter Weine vorzustoßen und das Piemont außerhalb der Grenzen bekannt zu machen. In seinem Gefolge eroberten *Barbaresco* sowie der leichtere *Barbera* die Zungen der Weinliebhaber. Nicht nach Menge, sondern in punkto Qualität liegt die Weinregion Piemont an der Spitze Italiens. Aus Tradition und mit begründetem Selbstbewußtsein wird hier der edle Saft fast ausschließlich von einheimischen Reben, oft reinrassig, auf Flaschen gezogen. Mit fremden Rebsorten haben die piemontesischen Weinmacher nichts im Sinn.

Das politische Zentrum des Piemont ist die Automobilstadt Turin. Das kulinarische und weinselige Herz der Provinz liegt jedoch in *Alba*. In den Hügeln der *Langhe* produziert die Natur in unverschämter Dichte und Vielfalt Exklusivitäten für den verwöhnten Gaumen. Nüsse, Trüffeln und Weine erster Qualität wachsen in dieser Gegend, wo Rebzeilen – *girapoggio* – fast geometrisch den Höhenlinien folgen. Die herbstlichen Nebel (*nebbia*) haben der *Nebbiolo-Traube* ihren Namen gegeben. Sie ist die Primadonna unter Piemonts Reben. *Barolo* und *Barbaresco* werden daraus gekeltert ebenso wie *Nebbiolo d'Alba*, *Roero* und im Norden des Landes die weniger bekannten Weine *Caremma*, *Gattinara*, *Ghemme* und *Lessona*.

Ein sonniger Herbsttag findet uns auf dem Weinberg *Arione* der Winzerfamilie *Gigi Rosso*. Es ist die Zeit der Weinlese, und alle waren den ganzen Tag damit beschäftigt, die Trauben für den Barolo in die Kelter zu bringen. Im Schatten eines Baumes ist der Tisch reich mit Salami, Prosciutto, Käse und Oliven gedeckt. Im Blick die sanft geschwungenen Hügel des Barolo-Gebietes. Hinter dem Winzerhaus steht seit alten Zeiten ein prächtiger Olivenbaum – klimatisch gesehen eine absolute Rarität. So tragen die *Barolo-Riservas* auch das Etikett „Arione – Sôrì dell'Ulivo".

Trauben für Barolo

Gigi Rossos Söhne *Claudio* und *Maurizio* sind unsere Gastgeber. Vater Gigi war lange Jahre Kellermeister berühmter Güter wie *Fontanafredda* und *Bersano*, ehe er sich eigene Weinberge kaufte und als Winzer selbständig machte. Claudio füllt die Gläser zuerst mit einem *Dolcetto*. „Diesen Wein trinken wir zu fast allen

Gelegenheiten", erläutert er, „das ist der klassische Hauswein der Piemontesen. Wenn Du die Weine der Langhe kennenlernen willst, solltest Du mit diesem beginnen." Und wie es so geht, wenn man bei Winzers zu Tische sitzt: das bukolische Mahl gerät unversehens zu einer genußvollen und malerischen Weinprobe. Eine Flasche nach der anderen wird geöffnet, der Inhalt schlürfend gaumenwärts geführt. Ein hauseigener *Nebbiolo* folgt dem Dolcetto – um einiges kräftiger und gehaltvoller. Ein Aha-Erlebnis besonderer Art dann der *Riserva-Barolo* . Doch trotz seines jungen Alters keiner, der einem die Kiemen zusammenzieht. Der wuchtige Wein gibt sich ausgesprochen harmonisch – ist schon gut zu trinken. Erstaunlich für einen Barolo, der bei guten Jahrgängen locker 15 bis 20 Jahre lagern und reifen kann und dementsprechend in den Anfangsjahren eine beträchtliche Portion Gerbsäure aufzuweisen hat. „Mein Vater wollte schon immer einen *demokratischen* Barolo produzieren," erklärt Maurizio, „einen Wein, den man noch zu Lebzeiten trinken kann, der nicht erst trinkbar wird, wenn Du schon tot bist. Dafür verkürzte er die Maischezeit um fast die Hälfte auf gut zwei Wochen. Früher war der Barolo der „Wein der Könige". Die Italiener kauften ihn nicht zum Trinken. Er wurde zu Weihnachten verschenkt und landete oben auf dem Büffet und blieb dort für immer."

Nun scheiden sich an diesem Punkt offensichtlich die Geister. Bekannte Winzer wie *Giacomo Conterno* oder *Bartolo Mascarello* lassen auch heute noch den Wein 30 bis 35 Tage auf den Schalen gären und geben ihrem Produkt entsprechend mehr *Tannin*, ergo längere Reifezeit und Lagerfähigkeit mit. Das hat ihnen den Ruf der Traditionalisten eingetragen – die anderen werden als Modernisten abgestempelt. Doch beide Ausbaumethoden haben ihren Markt, haben offensichtlich wunderbare Weine hervorgebracht. Den traditionellen Barolo alter Prägung gibt es eigentlich schon lange nicht mehr, seit Dünger den Ertrag erhöht und moderne Techniken in die Keltern Einzug gehalten haben.

Als wir *Bartolo Mascarello* in Barolo besuchen, sitzt er – durch eine Krankheit gehbehindert – hinter dem Schreibtisch und bemalt Etiketten seines 90er Barolo mit bunten naiven Bildchen von Landschaft und Wein. Für jede Kiste eines. Der Mann mit der Schirmmütze ist piemontesisches Urgestein. Viele Jahre zuvor hatte er das Gewehr des Partisanen mit der Winzerschere vertauscht und produziert seitdem wunderbare Weine. Im Gesicht des Grandseigneurs blitzen humorvolle Augen hinter Brillengläsern, während er engagiert für die alten Methoden der *Barolistas* plädiert.

Ein Duft von Veilchen und Rosen

Klein ist fein. Fährt man heute durch die elf Gemeinden des *Barolo-Gebiets*, ist die Vielzahl kleiner Parzellen nicht zu übersehen. Eintausend kleine Winzer teilen sich die Rebfläche von 1.100 Hektar. Das verhinderte bisher größere Fremdaufkäufe – die Region blieb in eigener Hand. Und in dem Maße, wie der Wein international Furore machte, begannen viele Weinbauern auch ihren eigenen Wein zu produzieren – und damit zur Vielfalt des Angebots beizutragen.

Früh im Jahr werden die jungen Triebe gebunden

Doch passionierte Barolotrinker würden schaudernd ihrem Lieblingsgetränk entsagen, wären sie Anfang des vorigen Jahrhunderts zur Verkostung geladen worden. Der einfache Bauernwein, ein süßes Gesöff, entsprach nicht im Entferntesten dem heutigen Produkt. Französisches Blut brachte die Wende. Wie schon Katharina von Medici mit dem Export italienischer Küche die Grundlage französischer Kochkultur legte, so holte sich 1855 in umgekehrter Richtung *Giulia Falletti*, Gräfin zu Barolo, den Franzosen *Oudart* als Entwicklungshelfer ins Piemont. „Mach mir einen Wein wie einen eurer berühmten Franzosen", lautete ihr Auftrag. Oudart brachte französisches Know-How und kleine Fässer aus dem Burgund. So entstand erstmals ein trockener, schwerer Wein mit dem Duft von Veilchen und Rosen. Giulia Falletti war begeistert vom Ergebnis und taufte ihn auf den Namen ihres Hauses – *Barolo*.

Der Meister schweigt

Das Land des *Barbaresco* ist klein. Nur drei Dörfer – *Barbaresco, Treiso, Neive* – teilen sich knapp 500 Hektar Weinbaufläche für den Bruder des Barolo. Hier in den tieferen Lagen zwischen 150 und 300 Meter schwanken die Temperaturen nicht so stark wie im Barolo und machen den Barbaresco daher leichter, geschmeidiger und früher trinkreif.

Meditation ist angesagt: Weingläser stehen in Reihe auf dem weißen Tuch einer langgestreckten Tafel, edle Weine harren unserer Verkostung. Zufrieden brummelnd schlürft *Bruno Giacosa* seinen 90er *Barbaresco San Stefano* nach einem Gang mit uns durch die weiten Keller der *cantina* in Neive. Der große Meister unter den Winzern des Piemonts ist ein schweigsamer Mann. Neidlos meinen seine Kollegen: „Giacosa sagt nicht viel, seine Weine sprechen für ihn." Unbeirrt von modischen Einflüssen vinifiziert er nach alten Regeln mit stoischer Gelassenheit hochdotierte elegante Weine. Er ist zwar kein Plauderer, läßt sich aber doch ein paar Kommentare entlocken. „Diesen *Riserva Barbaresco* habe ich vier Jahre im Holzfaß reifen lassen. Man merkt schon, daß er noch recht jung ist. Aber Säure und Tannin zeigen, daß er gut noch 25 bis 30 Jahre lagern kann" Welche Dimensionen! Geheimnisse, meint er, gibt es keine. Doch ein geradezu enzyklopädisches Wissen um die besten Reblagen der Region sind der Erfolg seiner Weine. Denn als *Mediatore* (Weineinkäufer) war er früher für andere tätig. Heute kauft er – neben seinen eigenen Gewächsen – nur das Beste für die eigene Cantina. So kann er es sich auch leisten, weniger bedeutende Jahrgänge einfach auszulassen.

Nebel und Wein – piemontesische Alliance

Barbera – musikalisch

Im welligen Hügelland des *Monferrato*, östlich der Hauptstadt Turin, liegt das kleine *Cocconato*, wo Metzger *Ferrero* wunderbar würzige Salami aus Wild- und Hausschwein sowie Eselfleisch in Därme füllt. Den adäquaten Wein liefert die *Barbera-Traube*. Nach der *Sangiovese-Traube* die meistangebaute Rebsorte Italiens ist sie auch zwischen Turin und Alba Umsatzkönigin und Exportschlager. Der rubinrote Barbera, duftend nach Äpfeln, ist weniger streng und daher leichter zugänglich als *Nebbiolo-Weine*. In der *Casa Brina* der Familie *Bava* wird dieser Tropfen im *Barrique* zum „Superiore" geschliffen, ohne jedoch gallischen Geschmack nachzuäffen. Ein passender Name wurde gesucht – und gefunden. *Stradivario* heißt der Edle, und so ziert denn auch die Violine des berühmten Geigenbauers das Etikett. „Was lag näher,", schildert uns Paolo Bava die zugrundeliegende Idee, „als den besonders holzgereiften Wein mit dem Holz der berühmten Geige in Verbindung zu bringen. "Wie der Barolo einen Kontrabaß, so tragen auch die anderen *Top-Bavas* ein Instrument im Wappen. „Die Sprache der Musik kann doch am ehesten den Charakter von Wein beschreiben", fügt er hinzu.

Süße Tropfen und wilde Bengel

Die Weinszene des Piemont ist fraglos rot-dominiert. Doch es muß nicht immer Barolo und Barbaresco sein. Zwei weiße Weine haben es uns besonders angetan. Die weiße *Muskateller*-Traube der Hügel östlich von *Alba* hatte in der Vergangenheit als billig verramschter *Asti Spumante* allerdings schwer Prügel einstecken müssen. Strenge Mengenbegrenzungen haben den lange lädierten Ruf dieses Schaumweins erst spät wieder in die Reichweite seriöser Produkte geführt. Von gleicher Traube ist dagegen der von Kennern bevorzugte *Moscato d'Asti*. Der natürliche, leicht moussierende Wein wird nur von wenigen kleinen Winzern produziert. Dabei wird nur die Hälfte des Zuckers vergoren, die Gärung durch Kühlung gestoppt. Als spritziger Schlußakkord zu Käse und Dessert ist dieser süße Perlwein erstklassig.

Doch einen „wilden Bengel" haben wir speziell ins Herz geschlossen. Westlich von Alba liegt der *Roero* wo gleichnamiger Rotwein als leichter *Nebbiolowein* angebaut wird. Hier wächst auch der weiße *Roero Arneis* – ein herrlich trockener Wein, mit „starker Persönlichkeit", wie die Winzer sagen. Mancher *Gavi* – ebenfalls Piemonteser – nimmt sich dagegen belanglos aus. Für den typischen *Mandel*-Nachgeschmack sorgen die Mineralsalze im sandigen Boden. Die maritime Vergangenheit läßt grüßen – und macht diesen Wein zum idealen Begleiter von Antipasti, Fisch, hellem Fleisch und Pasta. Unsere neue Bekanntschaft lagert seither immer in ausreichender Anzahl im heimischen Keller. Unkompliziert war der *Arneis* – auf gut deutsch „wilder Bengel" – nie gewesen. Er hat die Geduld seiner Erzeuger, wie auch der Konsumenten hart strapaziert. Orientierungslos wurde er mal lieblich, mal trockener ausgebaut, bis er schließlich seine heutige Geschmacksrichtung und Identität gefunden hatte. *Bruno Giacosa* hat als einer der ersten unter den großen Weinmachern den „Ungebärdigen" zur Raison und seiner heutigen Klasse gebracht.

Ein Mythos – Romano Levi und seine Grappe

Bei Levi wird noch nach alter Tradition destilliert

Vom Bauernschnaps zum Modegetränk

Viva la Grappa! Welcher Hochprozenter hat schon eine so rasche Karriere vom Rachenputzer zur Edelspirituose erlebt wie die geistvolle Resteverwertung ausgepreßter Trauben – genannt *grappa*. Erst in jüngeren Jahren ist dieser Armeleute-Fusel in bessere Kreise aufgestiegen und zum In-Getränk geworden. Dabei ist die Herkunft des Traubentresters eine zutiefst bäuerliche – die rauhe *branda* war Seelentröster an kalten Wintertagen und Heilmittel für allerlei Malaisen.

Die eindrucksvollste Annäherung an dieses Destillat wird uns zuteil, als wir in *Neive* den kauzigsten unter Piemonts *grappaioli* aufsuchen. *Romano Levi* verkörpert seit vielen Jahren den Mythos, der dieses Elixier umgibt. Zu ihm pilgern die Grappaliebhaber wie

Wallfahrer nach Lourdes, seine Grappe sind begehrte, aber seltene Trophäen der Sammler. Der rauhe, kräftige Brand, dabei voll komplexem Aroma, ist weder elegant noch Gaumenschmeichler, und noch nach altem Brauch gebrannt. Das ist wörtlich zu nehmen. Das Verfahren ist fast so alt wie seines Vaters Kupferkessel – seit 70 Jahren unverändert in Gebrauch. So schlicht der Grappa, so kunstvoll aber ist, was ihn umhüllt. Beschriftet und bemalt von des Meisters Hand veredeln die Etiketten das Destillat zum Kunstprodukt. Da blühen mit farbiger Tinte kleine Blümchen oder eilen langhalsige Damen übers grob gerissene Papier. Poetisches wie „La Donna Selvatica" oder „Cara Maria, ti devo parlare" (Liebe Maria, ich muß dich sprechen), kritzelt er mit spitzer Feder.

Wir stehen am Gittertor, als Levi kommt, um uns einzulassen. Zur Zeit der Weinernte ist hier Hochbetrieb, denn der frische Trester muß baldmöglichst gebrannt werden. Verständlicherweise ist der quirlige kleine Mann etwas nervös und schickt uns in den Brennraum voraus, wo uns sein Mitarbeiter Bruno an langer Schnur ein Gläschen Grappa aus dem Faß zieht. Alles atmet hier noch altes Handwerk, ich aber atme Feuer, als Levis Wasser meinen noch morgendlich unvorbereiteten Magen trifft. Da mußt du durch, sage ich mir und begegne dem zweiten Schluck schon weitaus gefaßter und wohlwollender. Während meine Geschmacksnerven, nun hellwach, der Morgengabe anerkennend hinterherschmecken, erscheint Levi wieder und führt mich zur Rückseite des alten Kessels, wo aus der qualmenden Ofentür brennende Hitze strahlt. Wie noch manche Vertreter seiner Zunft verfeuert er den getrockneten, ausgepreßten Trester vom Vorjahr. Wiederverwertung war alte Tugend und wirtschaftliche Notwendigkeit. *Recycling* ist nur ein neuer Namen dafür. Bruno steht derweil auf einer Leiter und schraubt den Deckel des mit frischem Trester beschickten Kessels zu. Einige Zeit später rinnen die ersten Tropfen glasklarer Flüssigkeit durchs Schauglas der spinnwebverhangenen Destillier-Apparatur. Es ist schon etwas Besonderes, einen der begehrten Grappe aus des Meisters Hand erhalten zu haben. Als wir zwei Tage später wiederkehren, um die uns versprochenen Destillate in Empfang zu nehmen, sitzt er im vollgestopften Zimmer am Fenster und legt letzte Hand an die Etiketten. Auf dem Tisch stehen kleine Tintenfäßchen, in die er abwechselnd seine Feder taucht – und die begehrten Flaschen daneben.

Des *grappaiolos* Stolz ist der einzige Brand, welcher kaum aus der Destille schon Nase und Gaumen seinen eigenen Charakter offenbart. Als weißer *grappa giovane* darf er schon wenige Monate später seiner verdauungsfördernden Bestimmung zugeführt werden. Die *invecchiate* erhalten im Eichen-, Kastanien- oder Akazienfaß geschmackliche Harmonisierung und Farbe. *Aromatizzate* sind dagegen nicht jedermanns Fall, verdecken sie doch durch Beeren- oder Kräuteraromen ihre eigentliche Traubenherkunft.

Romano Serafino Levi

Die alte Kunst, wie Levi die Trestermaische a *fuoco diretto*, über direktem Feuer zu erhitzen, beherrschen nur noch Wenige. Allgemein ist es heute üblich, den Kessel über Wasserdampf oder im *bagnomaria* (Wasserbad) auf Temperatur zu bringen. Es ist das Milchtopf-Prinzip: der Trester kann so nicht anbrennen und das Ergebnis verbittern. Dabei sitzt der trestergefüllte Tank in einem Heizkessel mit Wasser. Bei 78 Grad verflüchtigt sich der Alkohol, wird dampfförmig abgeleitet und in einer wassergekühlten Spirale verflüssigt. Das hochprozentige Konzentrat verdünnt man schließlich mit Wasser auf trinkbare 40 bis 45 Prozent Alkohol. Das Geheimnis des Brenners besteht nun darin, *testa* (Kopf) und *coda* (Schwanz) kunstfertig und rechtzeitig vom eigentlichen Mittellauf zu kappen. Nur dieses Herzstück (*cuore*) des Brandes wandert als Grappa in Flaschen. Vertrackterweise enthalten nämlich Vor- und Nachlauf sowohl schädliche Anteile aber auch viele wertvolle Aromastoffe, die der Spirituose erst ihre lebendige und eigenwillige Struktur geben. Hier ist die Nase des erfahrenen Grappaiolo gefragt. Die Gleichförmigkeit selbst exzellenter Industrie-Grappe ist fertigungsbedingt, weil die Technik eine solche Feinsteuerung nicht erlaubt. Sicherheitshalber schneidet man daher großzügig Vor- und Nachlauf ab.

In *Canelli* am Ufer des Belbo brannte *Carlo Bocchino* vor fast hundert Jahren Grappa aus dem Trester der Moscatotrauben. Nur Skepsis erntete er mit diesem *monovitigne* – dem Brand aus einer Traubensorte. Doch allen Unkenrufen zum Trotz avancierte dieser im Laufe der Jahre als „Gran Moscato" zum Vorzeigeprodukt des Hauses. Generationen später ist aus den kleinen Anfängen ein

Antonella Micca-Bocchino

großes Unternehmen entstanden, bekannt durch den erfolgreichen „Sigillo Nero", berühmt durch die Riserva „Carlo Bocchino". Der alte Brennkessel hatte einer Hightech-Anlage weichen müssen.

Nun ist *la grappa* eigentlich von weiblichem Geschlecht. Wir haben uns zwar an *den* Grappa gewöhnt – *die* Grappa wäre jedoch das einzig Korrekte. Unverkennbar weibliche Handschrift prägt auch den Stil des Hauses Bocchino. Urenkelin *Antonella Micca-Bocchino* leitet heute mit Bruder *Carlo* die Geschicke des Familienunternehmens. Der Funke springt sofort über, als uns die zierliche, elegante Italienerin mit strahlendem Lächeln begrüßt. Ganz moderne Managerin ist ihr Terminkalender selbstredend proppevoll. Doch den Platz dazwischen widmet sie uns ohne Hektik. Kredenzt diverse Tropfen, die wir genußvoll zelebrieren, während sie von ihrer eigentlichen Leidenschaft erzählt. Alte, fast vergessene Rebsorten hatten es ihr schon lange angetan. Unter dem Zeichen „AB" für *Antonella Bocchino* konnte sie schließlich eine kleine aber feine Produktlinie entwickeln, deren Pyramidenflaschen vergeistigt die Erfolge ihrer Recherchen enthalten. Immer auf der Suche nach Außergewöhnlichem verläßt ihr jüngstes Steckenpferd die Pfade der Tresterbrände: „le Bacche" und „i Fiori" sind Destillate aus einheimischen Beeren und Blüten.
„Das nächste Mal müssen wir uns aber Zeit für ein schönes Essen nehmen", meint sie lachend beim Abschied – mit Blick auf andere Sinnlichkeiten für Gaumen und Magen.

Die Nase ist gefragt

Solches gedachten wir auf einer weiteren Schnaps-Visite einzubauen. Der Hinweis auf gute piemontesische Küche lockte uns in den Weiler *San Marzanotto* unweit von *Asti*. Versteckt im kleinen Seitental liegt das Weingut *Il Milin* der *Fratelli Rovero*, wo herzhaft gekocht und fleißig gebrannt wird. Roveros schwarz-schlanke Flaschensäulen haben schon vor vielen Jahren die Herzen designbewußter Konsumenten erobert. Doch die schicke Hülle ist nicht Alibi für flüssige Belanglosigkeiten. Elegante Grappe haben hier ihre würdige Verpackung gefunden. Mit klassischer Handwerkstechnik ist den Roveros der Spagat zwischen Tradition und Moderne geglückt. Eher weiche, vollblumige Brände von einzelnen Rebsorten sind ihr Markenzeichen. Franco, einer der drei Brüder, ist hier der *grappaiolo*. Sein duftvoller *Brachetto* macht offensichtlich nicht nur meiner Kehle Freude, sondern auch internationalen Kritikern, die ihn weit oben einstufen. Die altpiemontesische Rebsorte ist nur regional bekannt und wird normalerweise zu einem süßen, roten Perlwein ausgebaut.

Rosanna ist die Vierte im Geschwisterquartett, ihr Wirkungsbereich die Küche der *trattoria* (Foto S. 16). Ehemann Eduardo kümmert sich um die Geschäfte der *fattoria* – und ist heute unser Führer durch Weinberg und Keller. Am Ende dieser Tour kommt schließlich auch der Magen zu seinem Recht. In der gut besetzten Gaststube lassen wir uns von Rosanna verwöhnen und von Eduardo, der wie jeder Italiener geborener Profi in Küchendingen ist, in die Geheimnisse der Rezepte einweihen. Die Grappe gingen aufs Haus – mein Magen war's zufrieden.

Der Magen weiß es auch zu schätzen, wird er schon vor dem Essen stimuliert – sprich: vorgewärmt. In Italien hat diese Übung Tradition und der *Aperitif* seinen festen Platz vor Beginn des Menüs. Den weißen Klassiker erfand 1568 *Antonio Cinzano* in der Moscato-Enklave *Santa Vittoria* unweit von *Bra*. Gut zweihundert Jahre später brachte *Benedetto Carpano* in Turin seinen *Vermouth* auf den Markt. Moscatowein war beide Male Grundlage der klassischen Rezeptur. Doch erst den ehrgeizigen Experimenten eines Apothekers ist ein außerhalb piemontesischer Grenzen wenig bekannter Barolo-Aperitif zu verdanken. Unser Weg führte zum Weingut von *Teobaldo Cappellano* nach *Serralunga* – in Sichtweite des renommierten Weinguts Fontanafredda. Der freundlich-schrullige Einzelgänger und Barolo-Winzer ist letzter Erbe der Rezeptur dieses Weingetränks. Opa *Giuseppe* hatte zur Zeit grassierender Malaria jedoch weniger Genüßliches, eher Heilsames im Sinn. So braute er aus *Barolo* und *Corteccia di China callissaja* (Chinarinde) eine Mixtur, die er mit diversen Kräutern versetzte und *Barolo Chinato* nannte. Ich habe das herb-süße Elixier schätzen gelernt – weniger ob seiner medizinischen Wohltaten, vielmehr als wohlschmeckenden Aperitif und Magenöffner.

Eine kleine persönliche Auswahl von Wein- und Grappa-Adressen

Weine

ELIO ALTARE
La Morra, Annunziata
Tel. 0173-50 835

BAVA, Casa Brina (S. 124)
Cocconato, Strada Monferrato 2
Tel. 0141-907083

PIO CESARE
Alba, Via Cesare Balbo 6
Tel. 0173-440386

ALDO CONTERNO
Monforte d'Alba, Loc. Bussia 48
Tel. 0173-78150

GIACOMO CONTERNO
Monforte d'Alba, Loc. Ornati 2
Tel. 0173-78221

FONTANAFREDDA
Serralunga d'Alba, Via Alba 15
Tel. 0173-613161

ANGELO GAJA
Barbaresco, Via Torino 36a
Tel. 0173-635158

BRUNO GIACOSA (S. 123, 125)
Neive, Via XX Settembre 52
Tel. 0173-67027

BARTOLO MASCARELLO (S. 121)
Barolo, Via Roma 15

ROCCHE DEI MANZONI
Monforte d'Alba, Loc. Manzoni Soprani 3
Tel. 0173-78421

GIGI ROSSO (S. 9, 119)
Castiglione Falletto, Via Alba-Barolo 20
Tel. 0173-262369

Grappe, Barolo Chinato

BOCCHINO (S. 131)
Canelli, Via G.B. Giuliani 30
Tel. 0141-8101

CAPPELLANO (S. 134)
Serralunga d'Alba, Via Alba 13
Tel. 0173-613103

ROMANO LEVI (S. 128)
Neive, Via XX Settembre

FRATELLI ROVERO (S. 133)
San Marzanotto, Val Donata 215
Tel. 0141-592460

Bruno Giacosa

Gigi Rosso

Die Rezepte

Antipasti – Vorspeisen

Primi Piatti – Teigwaren, Reis und Suppen

Die Rezepte

Secondi Piatti – Fleisch und Geflügel

Dolci – Desserts und Gebäck

Glossar – kleines piemontesisches Wörterbuch

al coltello mit dem Messer gehackt 76
amel Honig
ancioa Sardelle
ània Ente
arost Braten
articiòch Artischocke
autin, utin Weinberg (vigna)

bagna, bagnèt Sauce
bagna caôda „Heiße Sauce" zum Gemüse-Stippen 19
barolista Barolo-Winzer 121
batsoà marinierte, gebackene Schweinsfüße 77
bicerin Kaffeegetränk mit Schokolade und Milch 101
bischeuit Keks
bonèt Schokoladenpudding 102
botal Faß
branda Branntwein 128
brasato Schmorbraten in Wein 15, 76
bricco Hügel (collina), Weinberg
bros Käsereste in Grappa
brùsant Knoblauch
buji Gekochtes Fleisch (bollito)

cantina Weinkeller, Winzerei; Weinausschank
caponèt gefüllte Zucchiniblüten (Langhe), Fleischbällchen (Vercelli)
carne cruda rohes Fleisch 76
carpione „Karpfen"; Marinade für Fisch und Gemüse 25
cicia, cicin Fleisch
cisrà Kichererbsensuppe
civet Wildragout, in Rotwein gebeizt 17
cognà Traubensauce; Quittenmus
coj Kohl
cotechino Schweinskochwurst
cunij Kaninchen
cusina Küche
cusiné Koch
cusinéra Köchin

euli Öl

faseul Fasan
fattoria Bauernhof, Weingut
fiasch Flasche
fior d'l lait Sahne
frisse Leberbällchen mit Wacholderbeere

ghersin Grissino, dünne Brotstange 20
girapoggio „um den Hügel": typische Rebzeilenstruktur im Piemont 119
gnocchi Kartoffelteignocken 94
granturco Mais, auch: grano turco 68
grive Leberbällchen wie Frisse, auch in Kohl gewickelt

lait Milch

panna cotta „Gekochte Sahne", Sahnepudding
peivèr Pfeffer
pes Fisch
pèrsi Pfirsich
pomo Apfel
polenta Maisbrei 68
prus Birne

robiola Frischkäse (auch Toma) 96
ris Reis
risaia Reisfeld 36
riseria Reishof ,Reismühle 35

salàm 'd la doja „Salami im Tontopf", in Schmalz eingelegte Salami 77
salame cotto „gekochte Salami" (wie Preßsack) 77
sambaion, sabaion süße Eiercreme 110
saôsa Sauce
saôsa 'd avije „Sauce der Bienen" (Honigsauce) 75
sapin Grabeisen des Trüffelsuchers 43
seirass Käsetorte
siola Zwiebel
soma d'aj Röstbrot, mit Knoblauch und Öl gewürzt
sôrì Süden, sonnig; Südhang 118

tabuj Trüffelhund 43
tajarin (Tagliatelle), schmale Bandnudeln 19, 52
tapulon Eselhackfleisch-Gericht
tartufo Trüffel 48
tenuta Landgut
trifolao Trüffelsucher 43
toma Frischkäse (auch Robiola) 96

uè Norden; Nordhang

zabajone (Zabaglione) wie Sambaion
zucca Kugel- oder Flaschenkürbis

Stichwort – Verzeichnis

Adressen für Essen und Übernachten

Ristorante und Trattorien

Alba

VIGIN MUDEST
Via Giacosa 4
Tel. 0173-441701 (Mo) C
Albas älteste Trattoria ist Terry Ambrogios Reich. Die Küche ist deftig und *Antipasti misti* sehr zu empfehlen (S. 77).

OSTERIA DELL'ARCO
Piazza Savona 5
Tel. 0173-363974 (So) C
In modernem Ambiente war das Essen ein Genuß, die *Carne cruda* ein Muß.

LALIBERA
Via E. Pertinace 24/a
Tel. 0173-293155
(So; Mo mittags) C
Symphatische junge Osteria mit feiner Küche. Marco Forneris kocht mit leichter Hand piemontesisch.

Albaretto della Torre

DA CESARE
Via San Bernardo 9
Tel. 0173-520141 (Di+Mi) A
Für *La Stampa* ist Cesare Giaccone einer der weltbesten Köche. Für uns kochte er ein wunderbares Menü regionaler Küche. Im Februar gibt es Fisch (S. 79).

Castagnito

ÒSTU DI DJUN
Via San Giuseppe 1
Tel. 0173-658232
(Di; Mo-Fr mittags) C
Mamma Francesca kochte gut und traditionell. Die Söhne Giorgio und Luciano Marsaglia führen das beliebte Lokal.

Castelmagno

DEI CACCIATORI
Via Aldo Viglione 1
Tel. 0171-986112, C
Einfache Bar-Trattoria.
Die *Gnocchi al Castelmagno* sind uns noch in bester Erinnerung (S. 94).

Cherasco

ROSA ROSSA
Via San Pietro 31
Tel. 0172-488133, C
Das weibliche Quartett (Mütter und Töchter) der Osteria erteilte uns Agnolotti-Unterricht (S. 51).

Feisoglio

DA RENATO
Via Firenze 19
Tel. 0173-831116
(Dezember-Ostern) B
Renato Piazzas Küche – ein Eldorado für Pilzliebhaber. Zu jedem Gang servierte er Steinpilze oder Trüffel satt!

Mango

DEL CASTELLO
Piazza XX Settembre 20
Tel. 0141-89141 (Di) B
Die klassische *Bagna caôda* zelebrierten hier Autor, Verleger und die Winzerfamilie Rosso.

Monchiero

DA CARLO
Loc. Borgonuovo 29
Tel. 0173-792108
(Di abends, Mi) C
Besonders die *Boconcini di Faraona* hatten es uns angetan. Carlo Protto gab uns sein Rezept mit (S. 87)

Monforte d'Alba

DA FELICIN
Via Vallada 18
Tel. 0173-78225
(So abends, Mo) A
Eine der besten Adressen – mit internationaler Klientel und wohlsortiertem Weinkeller. Giorgio Rocca kochte uns seine *Minestrone di trippa* (S. 61).

TRATTORIA DELLA POSTA
Piazza XX Settembre 9
Tel. 0173-78120 (Do) B
Klassische Kost aus kleinster Küche. Gianfranco Massolinos *Fonduta*-umhüllte Eier mit Trüffeln waren der Höhepunkt unseres Abends (S. 97).

Adressen für Essen und Übernachten

Trattorien

Neive

SQUOLA ALIMENTARE
Via Moniprandi 1/a
Bricco di Neive
Tel. 0173-677565 (Mo+Di) C
In den Räumen einer ehemaligen Schule speist man an alten Schultischen.

Roddino

TRATTORIA DELL'AMICIZIA
Via Monforte 22
Tel. 0173-794131 (Mi) C
Typisch ist das Dorflokal, Rosanna Scavinos *Küche der Langhe* auch – kräftig und schmackhaft.

San Marzanotto (Asti)

IL MILIN
Val Donata 215
Tel. 0141-530102, C
Gute Hausmannskost im Grappa-Weingut. Rosanna Rovero steht am Herd der Trattoria, ihre Brüder machen Wein und Grappa (S. 133).

Serralunga

TRATTORIA DEL CASTELLO
Fraz. Baudana 63
Tel. 0173-613375
(Mi; Mo-Do abends) C
Am Wochende tafeln hier Familien an langen Tischen. Ich träume noch von einem herrlich zarten *Vitello tonnato* und Mamma Zuninos gehaltvoller *Crema di Moscato*.

Caffès , Hotels

Alba

CALISSANO
Piazza Risorgimento
Unser Lieblingsplatz für den *Aperitif* oder einen letzten *Spumante* an der spiegelglänzenden Bar.

Torino

BARATTI & MILANO
Piazza Castello 29
Tel. 011-5621481 (Mo)
Elegantes Caffè-Restaurant mit Patisserie. Wir deckten uns reichlich mit Pralinen ein (S. 102).

MULASSANO
Piazza Castello 15
Tel. 011-547990
Ehemaliges Stammlokal von Künstlern und Mitgliedern des Königshauses.
In beschaulicher Ruhe gönnten wir uns eine erholsame Pause (S. 101).

Hotels

Alba

SAVONA ***
Via Roma 1
Tel. 0173-440440
Fax 364312
Gepflegtes, altmodisches Hotel mit Restaurant.

Hotels

Alba

PIEMONTE **
Piazza Rossetti 6
Tel. 0173-441354
Einfaches Hotel direkt am Dom. Ruhige Lage.

Barbaresco

CASCINA DELLE ROSE
Tre Stelle, Loc. Rio Sordo 17 A
Tel. 0173-638292, Fax 638322
Erholsame Ferien auf dem Weingut von Giovanna Rizzoli.

Cortemilia

SAN CARLO ***
Corso Divisioni Alpine 11
Tel. 0173-81546, Fax 81235
Modernes Hotel mit gutem Restaurant. Schwimmbad.

Santa Vittoria d'Alba

SANTA VITTORIA ***
Via Cagna 4
Tel. 0172-478198
Fax 478465
Gepflegtes Hotel, hoch über dem Tanaro-Tal mit herrlichem Blick über die Langhe. Schwimmbad.

Verduno

REAL CASTELLO **
Via Umberto I 9
Tel. 0172-470125
Fax 470298 (Dez-Feb)
Altes Jagdschloß mit feudalem Ambiente in ruhiger Lage. Restaurant mit rustikaler Küche; eigene Weine.

Ruhetage in (Klammern); Preise „C" (günstig) bis „A" (teuer); Sterne * entsprechen den offiziellen italienischen Hotelkategorien

Adressen zum Einkaufen

Trüffel

BENVENUTO BOASSO
Sinio d'Alba
Cascina Costa 3
Tel. 0173-613247
Benvenuto war uns Lehrer und Führer zu den Trüffeln. Zur Trüffelmesse in Alba findet man ihn meist samstagmorgens in der Bar *Nuovo Centro* (S. 43).

TARTUFI MORRA – TARTUFALBA
Alba
Piazza E. Pertinace 3
Tel. 0173-364271+72
Gegründet vom legendären Giacomo Morra, der auch herausfand, wie sich die weiße Trüffel konservieren läßt (S. 48).

Salami, Käse

FERRERO (Salami)
Cocconato
Via Vittorio Veneto 5
Tel. 0141-907186
Würzigste Esel-, Wildschwein- und Trüffelsalami kauften wir für zuhause (S. 78, 124).

CASCINA RAFLAZZ (Käse)
Paroldo
Via Viora 19
Tel. 0174-789074
Anna und Claudio Adami melken täglich 150 Schafe und stellen daraus den *Toma* her. Der Weg ist weit, doch am Wochende läßt sich hier gut speisen (S. 96).

CASCINA ROCCHINO (Käse)
Serole
Tel. 0144-94129
Juwelen aus Ziegenmilch produziert die Käserei des kleinen Bergdorfes.

Grissini, Polenta, Reis

PANETTERIA CRAVERO
(Bäckerei)
Barolo
Piazza Castello 3
Tel. 0173-56134
Guglielmo und seine Schwester Daniela versorgten uns mit einem großen Vorrat knuspriger Grissini (S. 20).

MOLINO MARINO (Mühle)
Cossano Belbo
Via Caduti per la Patria 25
Tel. 0141-88129
Steingemahlene Mehle sind die Spezialität von Felice Marino. Sein Maisgrieß adelt die Polenta (S. 68).

TENUTA VENERIA (Reis)
Lignana (Vercelli)
Tel. 0161-314233
Hier erfuhren wir die Grundlagen des Reis-Anbaus (S. 35).

TENUTA CASTELLO (Reis)
Desana (Vercelli)
Piazza Castello 8
Tel. 0161-253552
Eine Rarität: ökologischer Reisanbau mit natürlicher Düngung.

Feinkost

TORRONE SEBASTE (Nougat)
Gallo Grinzane
Via Piana Gallo 48
Tel. 0173-262009
Aus Zucker und Haselnüssen wird hier Torrone hergestellt (S. 106).

PEYRANO (Schokolade)
Turin
Corso Moncalieri 47
Tel. 011-6602202
Pralinen- und Schokoladenfabrik von Weltruf. Im kleinen Verkaufsraum dufteten die süßen Kostbarkeiten (S. 103).

CREMERIA EZIO (Gelateria)
Canelli
Piazza Carlo Gancia 18
Tel. 0141-835273
Paradies für Süßmäuler. Eiscreme, Maisgebäck und Ezios Zabajone-Torte *Moscatella* sind die Verführer (S. 71).

BURDESE GIOVANNA
(Feinkost, Weine)
Alba
Via Vittorio Emanuele 13
Tel. 0173-362239
Hier erhielten wir den Tip fürs steingemahlene Mehl (S. 69). Giovannas private Sammlung von Levi-Grappe ist sehenswert, doch leider unverkäuflich.

LA LUMACA
(Feinkost, Weine)
Cherasco
Via Cavour 8
Tel. 0172-489421
Eine Schatzkammer erlesener Grappe und regionaler Weine.

Tourismus-Information

APT Azienda di Promozione Turistica delle Langhe e del Roero
12051 Alba
Piazza Medford
Tel. 0039-173/35833
Fax 363878

Ente Turismo e Manifestazioni Città di Alba
12051 Alba
Via Vittorio Emanuele 19
Tel. 0039-173/362807
Fax 362562

Veranstaltungen und Termine

Der berühmte Palio von Siena ist nicht die einzige Veranstaltung dieser Art in Italien. Gleich mehrere Reiterturniere hat das Piemont zu bieten, darunter der „Paglio degli Asini", das Eselrennen von Alba. Die Hoch-Zeit der Feste ist – wie in einem Weinland üblich – der Herbst. Ein Weinfest jagt das andere, Trüffel-, Kastanien-, und Obstmessen drängen sich im Kalender. Doch auch das ganze Jahr über wird immer irgendwo in dieser Region gefeiert. Besonders spektakulär sind zur Faschingszeit der Carneval von Ivrea sowie der Baìe della Valle Varáita in den Westalpen.

Februar/März

Ivrea
Carneval d'Ivrea – großer Karneval mit traditioneller Orangenschlacht.

Sampeyre
(alle 5 Jahre: 1997...)
Baìe della Valle Varáita – Tanz und Musik in historischen Kostümen (S. 93).

Santhià
Fest mit dem größten Bohnenessen Italiens

Mango
Festa del Moscato – Moscato-Fest und Festa dei Tabuj – Fest der Trüffelhunde mit Prämierung.

Monastero Bormida
(Anfang März)
Polentissimo-Fest mit großem Polenta-Essen

April

Alba
Vinum – Messe der großen Weine von Langhe und Roero.

Mai

Piemont (Mitte Mai)
Cantine aperte – „Tag der Offenen Tür" vieler Weinkellereien in ganz Italien.

Juli/August

Monteu Roero
(Ende Juli)
Sagra del Roero Arneis – Arneis-Messe

Cortemilia
(Ende August)
Sagra della Nocciola – Nußmesse (S. 105)

Frabosa Soprana
(15. August)
Raschera-Käsefest mit Umzug

La Morra
(letzter Sonntag im August)
Festa del vino Barolo nella sua Terra – Barolo-Fest

September

Saluzzo, Borgo San Martino
(2. Sonntag)
Paglio degli Asini – traditionelles Eselrennen

Dogliani
(2. Sonntag)
Sagra del Dolcetto – Dolcetto-Messe

Dogliani
(3. Sonntag)
Fiera delle Ciliege – Kirschenmarkt

Barolo
(Mitte September)
Festa del Vino Barolo nella sua Capitale – Barolo-Fest

Barolo

Asti
(Mitte September)
Douja d'Or – Weinmesse

Asti
(3. Sonntag)
Palio d'Asti – wie das berühmte Fest gleichen Namens in Siena, ein Rennen auf ungesattelten Pferden um den „Palio" (ein karminrotes Tuch).
Festzug und großer Markt.

Vercelli
Froschfest mit typischen Gerichten.

Ceva
Pilzausstellung in der „Hauptstadt der Steinpilze".

Oktober

Alba
(1. Sonntag)
Giostra delle Cento Torri und Paglio degli Asini – „Turnier der Hundert Türme" mit großem Kostüm-Umzug und dem berühmten Rennen auf Eseln (S. 64).

Alba
(Sa und So, Oktober)
Fiera Nazionale del Tartufo Bianco – Nationale Trüffelmesse (S. 48, 65)

Bonvicino
Castagnata di Ottobre – Kastanienfest

November

Cuneo
Großer Markt piemontesischer Käsesorten

Dezember

Carrù
(Don. vor Weihnachten)
Sagra del Bue grasso – „Fest des fetten Ochsen" (S. 75)